SERIE
EL MINI
LITÚRGICO

MANUAL PARA
UJIERES, SALUDADORES Y MINISTROS DE HOSPITALIDAD

SEGUNDA EDICIÓN

Karie Ferrell

Corinna Laughlin

Paul Turner

Thomas P. Welch

LTP
RECURSOS
CATÓLICOS
EN ESPAÑOL

Nihil Obstat	Imprimatur
Rev. Sr. Daniel Welter, JD	Obispo Auxiliar Robert G. Casey
Canciller	Vicario General
Arquidiócesis de Chicago	Arquidiócesis de Chicago
27 de octubre de 2020	27 de octubre de 2020

Nihil Obstat e *Imprimatur* son declaraciones canónicas de la Iglesia, de que el libro está libre de errores doctrinales y morales. Quienes las extienden no signan el contenido, opiniones o expresiones vertidas en la obra, ni asumen responsabilidad legal alguna asociada con su publicación.

Contentido

Prefacio

> Cuando entré en tu casa, no me diste agua para lavarme los pies; ella,
> en cambio, me los ha bañado en lágrimas y los ha secado con su cabello.
> Tú no me diste el beso de saludo; ella, desde que entré, no ha cesado
> de besar mis pies. Tú no me ungiste la cabeza con perfume; ella me
> ha ungido los pies con mirra. Por eso te digo que se le han perdonado
> numerosos pecados, por el mucho amor que demostró.
>
> —Lucas 7:44b–47b

Cuando Jesús llegó a la casa de Simón para cenar, esperaba las cortesías de la ocasión. Cuando usted es invitado, espera que alguien aguarde que usted llegue, le abra la puerta de par en par, le ayude con lo que sea que usted cargue y le estreche la mano o le dé un abrazo; que le haga pasar a la casa, le tome el abrigo, le deje mirar un poco alrededor y le ayude a elegir una silla cómoda. Que le ofrezca algo de beber, le indique dónde está el baño y luego comenzar una conversación amistosa.

Un invitado tiene también deberes; tal vez llevar flores o un obsequio, sonreír y limpiarse los pies en la esterilla. Al entrar a la casa, decir qué hermosa es y qué sabroso huele la comida, unirse a la conversación y ponerse a tono con su anfitrión.

Jesús esperaba lo mismo que cualquier otro invitado: un poco de agua para lavar sus pies, un amable beso de bienvenida y algo de perfume para el ambiente de la visita. Todo el mundo lo hacía.

Pero Simón no lo hizo. Para colmo de males, Simón, era un fariseo. Podía haber sido un experto en la ley de Dios, pero falló en la cortesía humana.

Cuando san Lucas cuenta esto (Lucas 7:36–50), dice que Simón es fariseo para mostrar que su falta de cortesía implica también un escándalo religioso. Además, el título diferencia a este Simón de otros Simones del Nuevo Testamento. Éste no es Simón, hijo de Juan, el apóstol a quien Jesús llama "Pedro".[1] Tampoco es Simón el Zelote, otro de los apóstoles.[2] El nombre del padre de Judas Iscariote era Simón.[3] Tampoco era él. No es Simón el pariente de Jesús.[4] Tampoco es Simón el leproso, si bien el relato en que aparece es muy parecido a éste.[5] No es Simón de Cirene, el que ayudaría a Jesús a cargar la cruz

---

1. Así en Mateo 4:18.
2. Por ejemplo, en Lucas 6:15.
3. Juan 6:71 y 13:26.
4. Ver Mateo 13:55.
5. Mateo 26:6 y Marcos 14:3.

hasta el Calvario.[6] Tampoco es el mago fraudulento que buscó comprar el poder espiritual de los apóstoles y nos dio la palabra "simonía",[7] ni Simón el curtidor, quien debió haber confundido a los vecinos cuando acogió a Simón Pedro.[8] Era difícil diferenciar a todos estos Simones, incluso en la época de Jesús. Por eso Lucas lo llama Simón, el fariseo; es el único fariseo en el Nuevo Testamento con ese nombre, y no causa una buena impresión, pero otra persona sí.

Una mujer de la ciudad entra en la casa. Se dice que es "una mujer de malavida". San Lucas prefirió guardar su nombre. Alguna tradición dice que es María Magdalena y que su pecado era la prostitución, pero no hay motivo para tales conclusiones. Aquel pecado era lo bastante público como para que Simón la catalogue y se escandalice cuando Jesús se deja tocar por ella. ¿Cómo sabía Simón que era una pecadora, y por qué ella se sentía cómoda en esa casa? Imposible saberlo.

Jesús, sin embargo, no se deja engañar y no piensa que esa mujer sea la única pecadora en la mesa. Cuenta una parábola sobre dos deudores y logra que Simón admita que aquél a quien el prestamista le perdonó más, amaba más. Simón entendió la parábola: él era como el deudor con una deuda menor. Pudo sentirse aliviado de que, ante Jesús, la deuda de la mujer fuera mayor porque sus pecados eran más graves que los propios. Pero Simón debió sorprenderse al comprender que el amor de ella también era mayor que el suyo.

Jesús tenía evidencias. "Entré en tu casa y tú no me ofreciste agua para los pies, mientras que ella me los ha bañado con sus lágrimas y me los ha enjugado con sus cabellos. Tú no me diste el beso de saludo; ella, en cambio, desde que entró, no ha dejado de besar mis pies. Tú no ungiste con aceite mi cabeza; ella, en cambio, me ha ungido los pies con perfume".[9] Jesús admite la reputación de la mujer, pero no avala la postura de Simón.

La hospitalidad significaba mucho para Jesús; era más que una costumbre: mostraba el respeto al visitante y la humildad del anfitrión. Evitaba la tentación de desdeñar a los menos afortunados o los menos virtuosos.

Concretamente, ser hospitalario implica aprender los nombres y profesiones de las personas, cubrir sus necesidades más sencillas y respetarlas, sin importar su reputación. Sí; implica abrir la puerta, pero también saber qué hacer una vez que el invitado entra. Implica estar consciente de la propia tendencia al pecado, de cometer errores y de ser descuidado, para no creerse mejor que el invitado y, así, recibir a todos los que llegan como usted recibiría al mismo Cristo.

—Paul Turner

---

6. Mateo 27:32.
7. Hechos 8:9.
8. Hechos 9:43.
9. Lucas 7:44b–46.

Cómo usar este libro

U sted ha aceptado servir a su iglesia como acomodador o saludador u otra función que su parroquia precise y le asigne; usted es, antes que nada, un ministro de hospitalidad. La hospitalidad es la raíz principal de su ministerio. Usted dará la bienvenida a la gente para el culto, atenderá sus necesidades, quizás les ayude a encontrar un lugar, quizás recogerá sus ofrendas durante la colecta y los despedirá cuando finalice la reunión. En cada interacción, usted procurará ver a cada persona como Cristo la ve, como una hija o hijo amado de Dios.

Por naturaleza, usted es una persona que quiere ayudar. Tiene una fe profunda en Cristo, un amor por la misa, un interés en las personas y un lugar en una comunidad de fe. Usted posee muchos talentos personales y está dispuesto a aportarlos a las tareas específicas que asumirá. Pero deberá tener en cuenta que usted va a formar parte de algo más grande: usted ayudará a atraer personas a la comunidad de fe y a la presencia de Cristo en la celebración de la Eucaristía, en la misa. ¿Recuerda usted la historia de la curación del paralítico?[1] Aquel hombre tuvo la fortuna de contar con amigos que se preocupaban profundamente por él y compartían una fe profunda en el poder de Cristo para sanar. Incluso en un local repleto, ellos fueron capaces de encontrar la manera de colocar a su amigo a los pies de Cristo, bajándolo por el techo. Por supuesto, todos los discípulos tienen la misión de llevar personas a Cristo, pero usted ha elegido hacerlo ayudándolas a que se sientan acogidas y cómodas, y, así, ellas puedan participar mejor en la liturgia.

Este libro

Este libro trata sobre el ministerio de los acomodadores y saludadores. Al correr sus páginas, le irá explicando parte de lo que se espera de usted, y le acompañará en un breve recorrido por la celebración de la Eucaristía. También le va a ayudar a reflexionar sobre la naturaleza espiritual del servicio que usted ofrece en la misa, incluso la prosaica tarea de recolectar dinero. Igualmente, le brindará consejos prácticos para ejercer el ministerio en su iglesia.

Jesús, al igual que sus discípulos, a menudo entró en casas ajenas como invitado. Tanto él como ellos descubrieron que algunas personas los recibían con gusto, mientras que otras se resistían a acogerlos. Jesús sigue siendo un visitante. Está presente en la comunidad que se reúne para rendir culto a Dios.

---

1. Ver Mateo 9:1–8, Marcos 2:1–12 y Lucas 5:17–26.

Por ser ministro de hospitalidad al servicio de las personas que llegan a la iglesia, usted deberá mantenerse alerta. El próximo que entre puede ser un santo o un pecador. Tal vez conozca la reputación de muchos de los que pasan a través de esas puertas; de otros, sabrá menos. Conocerá los nombres de algunos, pero no de todos.

Al ver entrar a la gente, tal vez se sienta tentado a pensar que usted está mejor vestido, mejor informado, que es más fiel o más bondadoso. Pero los que más aman son los que saben que se les ha perdonado la deuda más grande. Cada uno de nosotros es un pecador y cada uno de nosotros es un hijo de Dios.

El próximo en entrar a la iglesia constatará si usted brindó la hospitalidad debida, o no. Ese que ha entrado es Cristo.

Los autores

Corinna Laughlin escribió el primer capítulo, "Su ministerio y la liturgia". Ella es la asistente pastoral de la liturgia en la catedral de St. James en Seattle, Washington, y consultora arquidiocesana de liturgia. Ha escrito extensamente sobre la liturgia para Liturgy Training Publications y ha contribuido con artículos a Pastoral Liturgy®, Ministry and Liturgy, y otras publicaciones. Obtuvo su doctorado en Lengua Inglesa de la Universidad de Washington.

Paul Turner escribió el prefacio y el cuarto capítulo, "Espiritualidad y discipulado". Él es el párroco de la catedral de la Inmaculada Concepción en Kansas City, Missouri, y director de la Oficina para el Culto Divino en la diócesis de Kansas City–St. Joseph. Obtuvo un doctorado en Teología de Sant'Anselmo de Roma, y es autor de muchos recursos pastorales y teológicos. Él funge como un facilitador de la Comisión Internacional de Inglés en la Liturgia.

Karie Ferrell contribuyó con gran parte del capítulo tres, las "Preguntas frecuentes", y con la sección de recursos y el glosario. Es graduada del Parish Liturgy Program de la Arquidiócesis de Chicago, y está trabajando en una maestría en Teología en el CTU (Unión Teológica Católica). Ha estado involucrada en la liturgia desde hace unos quince años, incluido su puesto en la Oficina para el Culto Divino en la Arquidiócesis de Chicago. Ella es la directora de Formación de Fe en la parroquia de Santa María de Evanston, Illinois.

Thomas P. Welch, MD, es psiquiatra y director médico de Sequoia Servicios de Salud Mental de Aloha, Oregon, y director espiritual del Centro Espiritual Franciscano en Milwaukie, Oregon. Además de su MD de la Universidad de Washington, obtuvo una maestría en Ministerio pastoral por la Universidad de Portland.

Preguntas para conversar y reflexionar

1. ¿Por qué aceptó usted servir a su iglesia como acomodador o saludador?

2. ¿Qué espera obtener usted de la lectura de este libro?

3. Medite en alguna ocasión en la que usted haya sentido una auténtica hospitalidad, ¿qué efectos tuvo en usted?

Capítulo uno

Su ministerio y la liturgia

La liturgia es la fuente y culmen de la vida cristiana.

—*Lumen gentium*, 11

U sted tiene este libro en sus manos porque quiere convertirse en un ministro de la hospitalidad de su parroquia, o porque ya lo es. ¡Muchas felicidades! Usted quiere servir a los demás de manera eficiente y quiere actualizarse o refrescar lo que ya conoce. Esto demuestra que a usted la liturgia le importa.

¿Qué es la liturgia?

En los diccionarios, de una forma u otra, podrá leer que la liturgia es una serie de ritos empleados en el culto público. Y eso es verdad. Pero en la liturgia, hay mucho más que eso. La palabra *liturgia* viene de una palabra griega que significa "obra pública" u "obra del pueblo". Esto nos ayuda más, pues la liturgia es un trabajo muy especial en el que lo divino y lo humano se unen. Nosotros hacemos algo y, lo que es más importante, Dios hace algo. La liturgia no es una cosa; La liturgia es un *evento*. Por eso preguntamos: ¿Qué *hace* la liturgia?

La liturgia nos congrega en la presencia de Dios. Al hablar de la Eucaristía, ya la *Didajé* del siglo II enfatiza el reunirse: "Como este pan fue repartido sobre los montes, y, recogido, se hizo uno, así sea recogida tu Iglesia desde los límites de la tierra en tu reino".[1] Aquí el pan eucarístico, formado con muchos granos de trigo, es imagen de lo que debemos ser: individuos dispares que se vuelven algo nuevo: una asamblea que rinde culto. En la Biblia, la reunión del pueblo de Dios es una señal de la irrupción del Reino de Dios. Considere la visión de Isaías del gran banquete en la cima de una montaña.[2] Piense en Jesús alimentando a las multitudes[3] o en los discípulos reunidos en oración en la estancia superior en el primer Pentecostés.[4] Cuando Dios congrega a su pueblo, algo sucede. Lo mismo es cierto de la liturgia. Antes de que se pronuncie una palabra o se cante una nota, la liturgia ya es un signo del Reino de Dios porque nos une.

En ella [la liturgia] los signos sensibles significan y, cada uno a su manera, realizan la santificación...

—*Sacrosanctum concilium*, 7

---

1. *Didajé: Doctrina de los Doce apóstoles*, 9, disponible en https://mercaba.org/TESORO/didaje .htm#_Toc74525508 (acceso de 4-15-20).
2. Ver Isaías 25:6–9.
3. Ver Mateo 14:13–21, Marcos 6:30–44, Lucas 9:10–17 y Juan 6:1–15.
4. Ver Hechos de los apóstoles 2:1–11.

La liturgia nos conforma en comunidad plena.

La liturgia ayuda a conformarnos en comunidad. El acto de congregarnos a la mesa, de compartir la Palabra de Dios, de ser una sola voz que ora, canta y dialoga, tiene un impacto en nosotros. Mediante esta acción compartida en la liturgia aprendemos a reconocernos unos con otros como una familia de creyentes, el Cuerpo místico de Cristo, y a unirnos en nuestras acciones también fuera de la iglesia. Nos unimos a la liturgia porque somos comunidad, pero lo contrario también es cierto: sin la liturgia, no somos comunidad.

La liturgia es ordinaria y cósmica. La liturgia toma las cosas más cotidianas: nuestro cuerpo y voz, luz y oscuridad, agua y fuego; pan, vino y aceite, hasta el tiempo, y, por la acción del Espíritu Santo, transforma todo esto en la presencia de Dios mismo. La liturgia nos enseña a ver que todo el universo está marcado con la presencia de Cristo. Las "semillas" de Dios están por todas partes. La materia de nuestra santidad no es lejana, remota ni arcana. Lo ordinario es santo.

La liturgia cristiana trata siempre del misterio pascual. En el corazón de toda oración cristiana está el misterio pascual, es decir, la vida, la muerte y la resurrección de Cristo. Sea nuestra oración la misa, la liturgia de las horas, el día de un santo, un sacramento; ya sea el tiempo de Adviento o Navidad, la Cuaresma, el Triduo o el tiempo de Pascua, la liturgia siempre trata del misterio pascual. ¿Por qué es tan importante el misterio pascual? Porque, en palabras de san Pablo, "Y si Cristo no ha resucitado, la fe de ustedes es ilusoria, y sus pecados no han sido perdonados".[5] El misterio pascual es el gozne de la historia humana; es el dinamismo que da sentido a nuestra vida y anima nuestro culto. Nos reunimos para realizar la liturgia que nos sumerge, una y otra vez, en el misterio pascual de Cristo.

En la liturgia, nos encontramos con Cristo. Cristo siempre está junto a los que creen: Jesús dijo: "Si alguien me ama cumplirá mi palabra, mi

---

5. 1 Corintios 15:17.

Padre lo amará, vendremos a él y habitaremos en él".[6] Pero, en la celebración de la Eucaristía, Cristo está presente de una manera especial. De hecho, la Iglesia subraya cuatro presencias de Cristo en la misa. Cristo está presente en la comunidad reunida para la oración; Cristo viene a nosotros en el otro. En la misa, Cristo está presente en el sacerdote, que actúa in persona Christi, en la persona de Cristo. Cristo está presente en la palabra proclamada: "Cuando se leen en la Iglesia las Sagradas Escrituras, Dios mismo habla a su pueblo, y Cristo, presente en su palabra, anuncia el Evangelio".[7] Y de una manera singular, Cristo está presente en el pan y el vino consagrados, su Cuerpo y Sangre verdaderos. Mediante nuestra participación en este misterio, nos encontramos con Cristo de muchas maneras para convertirnos en lo que recibimos: el Cuerpo de Cristo.

La liturgia es el culto de la Iglesia. La liturgia tiene su propia forma. Por ser la oración oficial de la Iglesia universal, se rige por normas universales. La mayoría de los textos que escuchamos en la misa, con algunas excepciones significativas como la homilía y la oración universal, están escritos y son los mismos en todo el mundo. No sólo las palabras sino la mayoría de las acciones litúrgicas son las mismas en todas partes: de pie, sentado y de rodillas. Los libros litúrgicos incluyen muchas rúbricas (de la palabra latina para "rojo", porque estas instrucciones suelen imprimirse en tinta roja), que instruyen sobre cómo y dónde ocurre cada parte de la liturgia. Todo esto debería recordarnos que la liturgia no pertenece a ninguna persona, sacerdote o parroquia. La liturgia es la oración de la Iglesia entera, a la vez que es *nuestra* oración. En palabras del Concilio Vaticano II, la liturgia "contribuye en sumo grado a que los fieles expresen en su vida, y manifiesten a los demás, el misterio de Cristo y la naturaleza auténtica de la verdadera Iglesia".[8] La liturgia es nuestro medio de expresión con Cristo y en Cristo. En otras palabras, la liturgia es el idioma que hablamos todos los católicos.

La liturgia es muy variada. La liturgia, aunque se rige cuidadosamente por los libros litúrgicos, nunca es monótona; cambia constantemente, con diferentes lecturas para cada día del año y diferentes oraciones para la mayoría de los días. A lo largo del año litúrgico, la Iglesia nos invita a meditar sobre diferentes aspectos del misterio de Cristo, desde su concepción hasta su segunda venida. ¡La liturgia es multicolor!

La más importante de las liturgias de la Iglesia es la Eucaristía, aunque no es nuestra única liturgia. Las liturgias de la Iglesia también incluyen ritos

> La principal manifestación de la Iglesia se realiza en la participación plena y activa de todo el pueblo santo de Dios en las mismas celebraciones litúrgicas, particularmente en la misma Eucaristía.
>
> —*Sacrosanctum concilium*, 41

---

6. Juan 14:23.
7. *Institución general del Misal Romano* (IGMR), 29.
8. *Sacrosanctum concilium* (SC), 2.

como los del *Rito de la iniciación cristiana de adultos* y el *Ritual de exequias cristianas*; también contienen celebraciones de los otros sacramentos, desde el bautismo, la confirmación y la Eucaristía hasta la unción de los enfermos, la penitencia, el matrimonio y el orden sacerdotal. Agreguemos que la Liturgia de las Horas, recitada diariamente por diáconos, sacerdotes, obispos, religiosos y muchos laicos, es parte de la liturgia de la Iglesia que santifica las horas de cada día por medio de la oración.

La liturgia se distingue de las devociones. En la Iglesia encontramos una rica y maravillosa variedad de oraciones devocionales, como novenas, coronillas, el Rosario y el Vía crucis, que enriquecen nuestra oración y facilitan acercarnos a Cristo y a su Madre Santísima. El Rosario, por ejemplo, tiene un lugar especial en la vida de la Iglesia, ya que, en palabras de san Juan Pablo II, sirve como una excelente introducción y un eco fiel de la Liturgia, pues ayuda a que las personas la vivan con plena participación interior, y puedan cosechar sus frutos en la vida diaria.[9] Estas devociones nos enriquecen la vida espiritual, pero nunca deben reemplazar, nuestra participación en la liturgia.

La liturgia refleja y da forma a nuestra fe. Un erudito medieval expresó esto en una frase que se ha hecho famosa: *lex orandi, lex credendi*, que puede traducirse libremente como "la ley de orar da forma a la ley de creer". En otras palabras, la forma en que oramos informa nuestra teología. Si usted observa las notas a pie de página en los documentos del Concilio Vaticano II y en el *Catecismo de la Iglesia católica*, notará que las fuentes citadas para las enseñanzas clave no sólo incluyen la Biblia y las enseñanzas de los papas y los concilios, sino oraciones de la misa. La liturgia es una escuela de oración y una escuela de fe, que nos enseña a creer con la Iglesia.

El dicho medieval a menudo se alarga a *lex orandi, lex credendi, lex vivendi*: "ley de vivir". La forma en que oramos da forma a lo que creemos, y a la forma en que vivimos. El culto auténtico y la fe desembocan en el discipulado. Si no lo hace, significa que el poder transformador de la liturgia no nos está llegando realmente. Como ha escrito el papa Benedicto XVI: "Una Eucaristía que no comporte un ejercicio práctico del amor es fragmentaria en sí misma".[10]

La liturgia realmente importa. En *Sacrosanctum concilium*, el Concilio Vaticano II estipula que "la liturgia es la cumbre hacia la cual tiende la actividad de la Iglesia y, al mismo tiempo, es la fuente de donde mana toda su fuerza".[11] La liturgia es fuente y cumbre, culmen y punto de partida. Toda la predicación y evangelización de la Iglesia tiene por objeto atraer a las personas a Cristo en la celebración de la Eucaristía. Al mismo tiempo, sin embargo, la Eucaristía no es un lugar estacionario. La liturgia es la fuente de la cual

---

9. Ver *Rosarium Virginis Mariae*, 4.
10. *Deus caritas est*, 14.
11. SC, 10.

sacamos fuerzas para realizar la obra de Cristo en el mundo. La liturgia nos reúne, y la liturgia nos envía. Y si la liturgia no hace eso, hay un problema. "No podemos hacernos ilusiones: por el amor mutuo y, en particular, por la atención a los necesitados se nos reconocerá como verdaderos discípulos de Cristo... En base a este criterio se comprobará la autenticidad de nuestras celebraciones eucarísticas".[12]

La oportunidad y el privilegio de servir

Los ministros litúrgicos tienen la maravillosa oportunidad y privilegio de ayudar a otros a participar en esta realidad transformadora que llamamos la liturgia de la Iglesia. Ya sea que proclamemos una lectura de las Escrituras, recojamos el dinero de la colecta, distribuyamos la Sagrada Comunión, llevemos una vela o preparemos el ambiente litúrgico, nuestro objetivo es el mismo: ayudar a otros a encontrar en la liturgia lo que nosotros encontramos: la comunidad viva de creyentes, una escuela de santidad, un lugar de encuentro con Cristo. De la misa, nunca salimos igual, porque la liturgia está destinada a cambiarnos. No debe extrañarnos entonces que la Iglesia enfatice nuestra participación en la liturgia. Si participamos plena, consciente y activamente en la liturgia, no podemos sino transformarnos y hacer nuestra parte para transformar el mundo que nos rodea. Por ser ministros litúrgicos, estamos llamados a hacer exactamente eso y ayudar a otros a hacer lo mismo.

Los ministros de hospitalidad tienen el honor de recibir y atender amablemente a los fieles.

Preguntas para conversar y reflexionar

1. ¿En qué se diferencia orar con una comunidad de orar solo? ¿Por qué cree usted que Jesús nos llama a orar de ambas maneras?

2. ¿En qué liturgias de la Iglesia participa usted regularmente?

3. ¿Dónde y cuándo se siente usted más cerca de Cristo?

4. Piense en las formas en que Cristo está presente en la liturgia y en el mundo. Considere un momento en que haya sentido la presencia de Cristo en estos lugares.

5. ¿Nota usted que participar en la liturgia impacta su vida?

---

12. *Mane nobiscum Domine*, 28.

Capítulo dos

El significado y la historia de su ministerio

Acójanse unos a otros, como Cristo los acogió para gloria de Dios.
—Romanos 15:7

El bautismo es la base de todo ministerio en la Iglesia, que es el Cuerpo de Cristo. Gracias a que usted es miembro del Cuerpo de Cristo, puede ser ministro de hospitalidad. "En virtud de nuestro Bautismo en Cristo algunos somos llamados a servir como ministros de la asamblea litúrgica... los acomodadores brindan acogida y orden digno a la celebración".[1] Al reunirse los miembros del Cuerpo de Cristo se realiza ya un acto profundo de acogida y hospitalidad. Usted notará que en muchas iglesias, hay personas que aguardan a los fieles, los saludan y los acomodan. Tal vez usted vaya a desempeñar alguna de esas tareas, pero lo importante será estar atento a las necesidades de los miembros de la asamblea y responder con la reverencia y el decoro que exige la liturgia.

Los acomodadores antes y ahora

Hasta hace poco, en las iglesias había más acomodadores que saludadores. Los acomodadores eran fáciles de reconocer: eran varones, vestían saco y corbata y se reunían en un cuarto en la parte trasera de la iglesia, donde dejaban sus abrigos antes de la misa. Si no tenían un cuarto, colocaban una cadena en el último banco y colgaban un cartel: RESERVADO PARA LOS ACOMODADORES. En algunos sitios se encargaban de tocar las campanas de la iglesia.

Conforme los fieles iban entrando a la iglesia, los acomodadores les buscaban un lugar. Los que llegaban temprano no requerían de esa ayuda. Pero a medida que se acercaba la hora de la misa, los lugares se llenaban y los acomodadores tenían más que hacer. Comenzaban a patrullar el pasillo central y los laterales. Buscaban lugares lo suficientemente amplios como para acomodar los grupos de diversos tamaños que iban llegando.

En los últimos minutos previos a la misa, el ritmo se aceleraba. Los que se habían apurado por llegar a la iglesia a tiempo entraban un tanto aturdidos. Evaluaban la situación como mejor podían. Habían llegado a la iglesia antes de que empezara la misa, pero necesitaban un lugar para sentarse y era difícil encontrar alguno disponible.

Pero allí estaban los acomodadores; con rostro serio, de pie antes de las puertas, para que los miren los que van llegando y hasta gesticulan como policías de tránsito. Con un brazo hacen círculos enérgicos invitando a pasar a los que no tienen asiento. Con los dedos de la otra mano indican los lugares disponibles, es decir, para una, dos o tres personas.

Los ya sentados en el banco parcialmente disponible se apretujan para hacer más lugar. El acomodador asentía con la cabeza, volvía la mirada a las personas que estaban en la parte de atrás de la iglesia y sumaba un dedo.

Los que se apretujaban invariablemente hacían lugar *en el centro* del banco, no hacia los pasillos. Los lugares junto al pasillo siempre han sido asientos de primera en las iglesias católicas. Las personas a quienes les importa dónde se sientan siguen llegando muy temprano para obtener un lugar cerca del pasillo, o incluso en la parte de atrás. (Las personas que van al teatro llegan temprano para conseguir asientos delante, pero las personas que asisten a la iglesia llegan temprano para sentarse atrás). Si alguien quiere sentarse, los que ya están sentados en ese banco no tienen problema siempre y cuando los recién llegados se acomoden en el centro del banco. Los que ya han afirmado sus derechos sobre la parte del banco junto al pasillo los dejan pasar por el angosto espacio entre sus rodillas y el respaldo del banco delantero. Les parece mejor padecer una pequeña molestia al principio de la misa que ceder el asiento del pasillo durante toda una misa. En la historia reciente, los acomodadores podrían asignar lugar a los recién llegados, pero hacer que un feligrés se corriera al centro y abandonara su lugar junto al pasillo, ni soñarlo.

Empezada la misa, los acomodadores se quedaban detrás del último banco. Si alguien llegaba tarde, ellos le buscaban asiento. En estos casos, los acomodadores caminaban por el pasillo, aún empezada la misa. A su modo de ver, era más importante sentar a los fieles que cualquier otra cosa que sucediera en la iglesia. Esto tenía precedencia sobre el canto de entrada y escuchar las primeras palabras del sacerdote ya en el presbiterio.

Durante la misa, los acomodadores permanecían parados cerca del vestíbulo, aún si ya no llegaba más gente. Algunos charlaban en voz baja entre sí, caminaban por la parte de atrás, miraban afuera o le daban una ojeada al reloj.

Al momento de la colecta, los acomodadores volvían a entrar en acción. Tomaban los canastos, se dirigían en procesión al frente de la nave y comenzaban a recolectar el dinero, banco a banco, de adelante hacia atrás. Reunido, lo colocaban en bolsas. En algunas iglesias iban en seguida a contarlo en algún cuarto que el párroco les indicara.

Llegado el momento de la Comunión, los acomodadores iban de nuevo al frente de la nave e invitaban a los comulgantes a salir de sus bancos. Se paraban detrás de cada banco, dejaban que las personas de ese banco salieran y las dirigían al comulgatorio. Las personas del siguiente banco no comenzaban a salir hasta tener el permiso del acomodador. Los acomodadores iban caminando lentamente hacia atrás, fila por fila, hasta que todos hubieran comulgado. Ellos eran los últimos en comulgar. Al final de la misa, los acomodadores entregaban el boletín a cada asistente según iba saliendo de la iglesia. Luego tomaban sus abrigos, ordenaban el espacio en la parte trasera de la iglesia y volvían a casa después de una misa más.

Lo descrito es un estereotipo, claro. La verdad es que hasta el acomodador más tieso del pasado era un hombre de fe. Quería servir a la Iglesia y lo hacía como le habían enseñado. Se interesaba por los fieles y quería ayudarlos; que se sintieran a gusto en la iglesia y que salieran con toda la información que necesitaban para vivir su fe una semana más. Los acomodadores eran las columnas de la parroquia. Cargaban los canastos para la colecta porque eran los miembros más dignos de confianza de la comunidad. Merecen nuestro respeto y agradecimiento.

Pero ahora lo que la comunidad necesita es distinto. En otros tiempos, los que asistían a la iglesia necesitaban un lugar para sentarse, un canasto para sus ofrendas, indicaciones para ir a comulgar y un boletín para llevar a casa. Los acomodadores les ayudaban con todo esto. Ahora animamos al pueblo para que haga más. Queremos que formen una comunidad conversando con sus hermanos en la fe antes y después de misa. Queremos que se unan al canto y estén muy atentos a la proclamación de la Sagrada Escritura. Queremos que todos participen: el sacerdote, el diácono, los ministros, los acólitos, el coro, el pueblo y los acomodadores. Todos asisten con este fin: participar en la misa. Todos los ministros, incluyendo los acomodadores, deben dar el ejemplo.

La función del acomodador ha cambiado porque la función del pueblo ha cambiado. Por eso, algunas parroquias han cambiado el título de estos ministros de "acomodadores" a "saludadores", mientras que otras han añadido a las funciones de los acomodadores la de saludar a los que llegan. Estos cambios hacen hincapié en las diferentes responsabilidades. Los acomodadores y saludadores no son policías de tránsito que ayudan a los individuos a dirigirse segura y rápidamente al lugar indicado. Son anfitriones que son como el rostro visible de la parroquia. Acogen a los que llegan y comienzan el proceso de formarlos como una asamblea que rinde culto y alaba al Señor.

La *Institución general del Misal Romano* art. 105, menciona estas funciones entre las que cumplen los ministros litúrgicos en la misa:

c) Los que hacen las colectas en la iglesia.

d) En algunas regiones existen también los encargados de recibir a los fieles en la puerta de la iglesia, acomodarlos en los sitios que les corresponde y ordenar las procesiones.[1]

Junto a estos cambios de funciones, el espacio también ha cambiado. Hay iglesias antiguas con poco espacio entre la puerta principal y el último banco.

---

1. *Institución general del Misal Romano* (IGMR), 105.

Los ministros de hospitalidad reciben a los fieles e inician el proceso de conformar la asamblea de culto.

El vestíbulo acoge a las personas para disponerlas a la liturgia, pero es insuficiente para reunirlas antes de que comience. Muchas iglesias más nuevas incluyen un atrio o espacio, donde los fieles pueden conversar fraternalmente por un rato. Cuando los fieles entran, saben espontáneamente cómo usar este espacio. Pero es una gran ayuda contar con el servicio de los ministros de hospitalidad. A cada persona que entra se le debe recibir cristianamente. Cuando los fieles han comenzado a formar una comunidad antes del comienzo de la misa, están más preparados para unirse a las actividades de la comunidad: cantar, hablar, escuchar y guardar silencio.

¿Qué es usted? ¿Acomodador, saludador/acogedor o ambas cosas? Depende de lo que su parroquia le pida que haga y de sus dotes personales. No importa cuál sea su título, su parroquia estará agradecida de que desee servir a Dios ayudando a los que se reúnen para la misa del domingo.

Evangelización

Cuando saluda a los fieles que llegan a la iglesia, ¡usted evangeliza! Muchos católicos creen que evangelizar es algo que hacen los cristianos de otras iglesias. Nosotros no vamos de puerta en puerta preguntando a la gente si conocen a Cristo. No enviamos correos electrónicos masivos ni recurrimos a las llamadas telefónicas automáticas. Tradicionalmente los católicos nos alegramos de compartir nuestra fe, pero generalmente esperamos a que la otra persona dé el primer paso.

El ministro de hospitalidad es alguien deseoso de compartir su alegría.

El papa Pablo VI escribió que la Iglesia existe para evangelizar. Evangelizar significa "llevar la Buena Nueva a todos los ambientes de la humanidad", para que los fortalezca y los renueve.[2] Todos compartimos la responsabilidad de conducir hasta Cristo a los demás. El papa Francisco solicita que cumplamos este deber nuestro "como quien comparte una alegría, señala un horizonte bello, ofrece un banquete deseable".[3]

Si usted sirve como saludador en su iglesia, no está dando el primer paso en la evangelización de los asistentes; algo ya los ha incitado para venir a la puerta. La mayoría asiste porque son miembros asiduos de muchos años; algunos vienen con menos frecuencia y otros son visitantes. Pero habrá también algún interesado en ver una iglesia católica por primera vez en su vida. El Espíritu movió su corazón y está dando un paso importante. Ahora le toca a usted. Usted es el rostro de Cristo y su cálida bienvenida evangeliza.

San Benito escribió una regla de vida para los que querían vivir como monjes; esperaba que formaran una comunidad religiosa, pero no debían vivir completamente aislados del mundo. Debían estar dispuestos a acoger a los visitantes que llegaran a la puerta de sus monasterios. Algunos llegarían en momentos inoportunos. Su presencia parecería una intrusión. Pero Benito quería que sus monasterios se destacaran por la hospitalidad. Quería que los monjes les dieran la bienvenida a todos los que llegaran a su puerta y que adoptaran esa genuina actitud cristiana con ellos. Hay quienes sólo toleran a los visitantes. Benito tenía una idea muy distinta. Si usted es un saludador en la iglesia, usted es el rostro de Cristo y ha de recibir a cada persona como si fuera Cristo.

---

2. Pablo VI, *Evangelii nuntiandi: Sobre la evangelización en el mundo contemporáneo*, 14 y 18.
3. Papa Francisco, *La alegría del Evangelio: Sobre el anuncio del evangelio en el mundo actual*, 14.

En realidad, son Cristo. Jesús dijo que donde dos o tres se reúnen en su nombre, ahí está él en medio de ellos.[4] Por lo tanto, al reunirnos para el culto, "Cristo está realmente presente en la misma asamblea congregada en su nombre".[5] Saludamos a Cristo en los demás antes de recibirlo en la Comunión.

Ostiarios (porteros)

Un antepasado lejano del acomodador o saludador es el ostiario o portero. En la Era Patrística, mucho antes de que existiera la electricidad y los relojes de pulsera, el ostiario tocaba las campanas de la iglesia para anunciar que pronto comenzaría la misa. El ostiario también abría la iglesia y preparaba los libros litúrgicos y la sacristía. También ayudaba a mantener el orden, dejando entrar a los fieles y manteniendo fuera a los alborotadores.

Hace mil años, a algunos hombres se les confiaban las llaves de la iglesia en una ceremonia solemne presidida por el obispo. Un ministro informaba a los candidatos sus responsabilidades y el obispo hacía una oración por ellos. En el siglo XIII, el nuevo ostiario probaba las llaves y la campana como parte de este rito solemne.

Esta ceremonia se integró a las necesarias para que un hombre fuera ordenado sacerdote. "Ostiario" era una de las órdenes menores, así como el sacerdocio era una de las órdenes mayores. Con el tiempo, solamente los que se estaban preparando para el sacerdocio eran recibidos en el orden de ostiarios.

El papa Pablo VI abolió el orden de los ostiarios en 1972 porque había perdido su sentido. Las llaves de una parroquia se confiaban a muchos, tanto hombres como mujeres, que no se estaban preparando para el sacerdocio. Tratando de enfocar mejor las ceremonias preparatorias a la ordenación al sacerdocio, Pablo VI discontinuó el orden de los ostiarios.

Actualmente se ha incluido una ceremonia más sencilla en la edición estadounidense del *Book of Blessings*.[6] Por supuesto que no es obligatoria para el que quiera servir a la iglesia como acomodador o saludador, pero sí le brinda a la parroquia una forma de bendecir a los que designa para esta tarea. Normalmente el párroco imparte esta bendición, aunque puede conferirla otro sacerdote o un diácono.

Ayudar a que los fieles participen

Sea usted acomodador o saludador, su ministerio consiste en ayudar a que los fieles participen en misa. Puede que sus responsabilidades se limiten a hallarles asientos y a recoger las ofrendas del pueblo, o puede que sea un embajador de buena voluntad o incluso un funcionario que mantiene el orden. Pero usted

---

4. Mateo 28:20.
5. IGMR, 27.
6. *Book of Blessings*, 1847–1870. Las referencias a la edición en inglés para esta ceremonia no tienen un equivalente en el *Bendicional* castellano, y por lo tanto han sido traducidas para este recurso.

viene a la iglesia en primer lugar para dar culto y alabar a Dios y en segundo lugar para servir. Usted ayuda a los demás a participar mejor en misa.

Usted conoce bien la estructura de la misa, pero debe examinar más detenidamente las partes en las que le puede tocar un papel más relevante. Mientras mejor comprenda cómo encajan las partes de la misa unas con otras, mejor rezará en la iglesia y mejor servirás a los que se encuentran con usted allí.

Ritos iniciales

La misa inicia con los Ritos iniciales. Comienzan con la entrada de los ministros y terminan inmediatamente antes de las lecturas. Durante ellos, se invita a la asamblea a permanecer de pie.

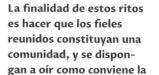

Acomodadores y saludadores hacen lo posible por alcanzar esta meta aun antes de que comience la misa. Desde el momento en que llegan los fieles a la iglesia, deben "constituir una comunidad" y "disponerse a oír" las lecturas. Usted se encuentra en una posición privilegiada para ayudarlos. Si usted recibe a las personas con actitud amigable, ya las está ayudando a establecer la comunión que es vital para toda la misa.

La finalidad de estos ritos es hacer que los fieles reunidos constituyan una comunidad, y se dispongan a oír como conviene la Palabra de Dios y a celebrar dignamente la Eucaristía.

—*Institución general del Misal Romano*, 46.

Naturalmente usted querrá saludar a sus amigos. Pero su servicio ministerial deberá dirigirse a toda la comunidad. Si saluda únicamente a sus amigos y conocidos, no estará edificando todo el Cuerpo de Cristo sino dividiéndolo. Si usted les abre la puerta a todos, logra que cada cual se sienta parte del Cuerpo. Si saluda incluso a quienes no conoce, usted es un signo del interés que Cristo siente por cada miembro de su rebaño. Cuando se toma la molestia de aprender los nombres de los que acuden a la iglesia, usted fortalece los lazos de unidad entre los fieles.

Los acomodadores y saludadores también pueden ayudar a que los fieles se conozcan entre sí. Usted no es la única persona a quien le cuesta trabajo recordar los nombres. Todos en la iglesia enfrentan el mismo problema. Cuando usted les presenta un fiel a los otros, teje la tela para una buena celebración.

Contar con una variedad de acomodadores y saludadores hará que resulte más fácil hacerlos sentir en casa a todos: personas mayores y jóvenes, varones y mujeres, de distintas razas y ascendencia; contar con representantes de todos estos grupos entre los acomodadores garantizará que nadie que llegue se sienta solo.

Al ingresar las personas, usted no sólo les dará la bienvenida, tal vez las deba ayudar de otra manera. Esté listo para recibir latas de comida para el comedor público, para empujar la silla de ruedas o para indicar dónde está el baño. Todas estas acciones crean comunidad.

Una vez que los fieles están en sus asientos, se van disponiendo a escuchar la Palabra de Dios y compartir la Eucaristía. Típicamente dedican un rato a la oración privada. Si usted llama demasiado la atención en los pasillos antes de la misa y durante los Ritos iniciales, distraerá a los fieles de su fin espiritual.

Los buenos acomodadores y saludadores edifican el Cuerpo de Cristo. Multiplican la cantidad de personas que conocen en la iglesia. Les dan la bienvenida a los fieles y los ayudan a hallar un asiento. Resulta fácil identificarlos. Pero no llaman demasiado la atención sobre sí mismos ni se limitan a saludar nada más a quienes conocen.

La Liturgia de la Palabra

La primera parte principal de la misa es la Liturgia de la Palabra. En ella se proclaman pasajes de la Sagrada Escritura que todos escuchan con atención.

Usted viene a misa en primer lugar para participar y en segundo lugar para servir como acomodador o saludador. Por eso, su tarea principal en esta parte de la misa será la de escuchar. Su atención debe dar ejemplo a los demás.

Hay parroquias que les piden a los acomodadores que, mientras se está proclamando la Sagrada Escritura no sienten a los que llegan tarde. Una costumbre paralela se observa también en otros sitios. En los teatros, por ejemplo, los acomodadores sólo llevan a sus asientos a los que llegan tarde hasta los entreactos, y algunas veces los sientan atrás, para no molestar a quienes llegaron a tiempo. Si usted debe detener a las personas en la puerta por algún motivo, asegúrese de tratarlas con toda caridad y cariño, demostrándoles la acción apropiada: respetando el silencio lo más posible y concentrado en la Palabra de Dios. Así, la manera en la que usted se conduce muestra que respeta a Dios y a la asamblea que escucha la Palabra divina.

Pues en las lecturas, que luego explica la homilía, Dios habla a su pueblo,[7] le descubre el misterio de la redención y salvación, y le ofrece el alimento espiritual; y el mismo Cristo, por su palabra, se hace presente en medio de los fieles.[8]

—Institución general del Misal Romano, 55.

Habrá interrupciones inevitables. Los acomodadores y saludadores podrían ser llamados a prestar ayuda si ocurre algo insólito. Actúe siempre con caridad, en sintonía con el mensaje de la Sagrada Escritura: Ámense los unos a los otros como Dios los ha amado.

La Liturgia eucarística

La segunda parte principal de la misa es la Liturgia eucarística. En ella los fieles participan del sacrificio y banquete de Jesucristo. Esta liturgia consta de tres secciones.

7. Cfr. Concilio Ecuménico Vaticano II, *Constitución sobre la Sagrada Liturgia*, (SC), 33.
8. Cfr. *Ibid.*, n. 7.

a) En la preparación de los dones, se llevan al altar el pan y el vino con agua; es decir, los mismos elementos que Cristo tomó en sus manos.

b) En la Plegaria eucarística se dan gracias a Dios por toda la obra de la salvación, y las ofrendas se convierten en el Cuerpo y en la Sangre de Cristo.

c) Por la fracción del pan y por la Comunión, los fieles, aun siendo muchos, reciben de un solo pan el Cuerpo y de un solo cáliz la Sangre del Señor, del mismo modo que los Apóstoles lo recibieron de manos del mismo Cristo.[9]

La colecta tiene lugar durante la primera de estas secciones y los acomodadores cuidan que se lleve a cabo sin complicaciones. La colecta no es un intervalo; está relacionada con las demás secciones de la Liturgia eucarística. Los fieles deben contribuir al sostén de la iglesia parroquial.

En el pasado, los fieles traían su propio pan y vino como ofrendas para la iglesia local. La colecta de las ofrendas indica que los fieles están dispuestos a compartir con los demás lo que Dios les ha dado. Para expresar esta ofrenda comunal más plenamente, muchas parroquias piden a los acomodadores que inviten a personas de la asamblea a que acerquen las ofrendas.

Los fieles aportan sus dones para sostén del trabajo parroquial y, simbólicamente, se ofrecen a sí mismos para ser transformados.

Esta colecta tiene el fin práctico de ayudar a que la parroquia pague sus cuentas, pero, primero, tiene un significado espiritual. Al presentar sus ofrendas, los fieles se están ofreciendo a sí mismos. Las ofrendas de pan y vino se transformarán en el Cuerpo y la Sangre de Cristo y los fieles que participan de la Comunión también se verán transformados.

Por ello, la colecta de ofrendas preludia lo que los fieles harán durante la Plegaria eucarística. Muchos católicos piensan que su papel en la Plegaria eucarística es permanecer en silencio mientras el sacerdote recita un largo texto. Sin embargo, deben dar el siguiente paso lógico tras aportar su ofrenda.

En cada misa tiene lugar una acción circular. El pueblo lleva sus ofrendas al altar como símbolo de su propio ser. Estas ofrendas, y también el pueblo, se ven transformados por el poder del Espíritu Santo. El pueblo recibe las ofrendas de pan y vino, ahora transformadas en el Cuerpo y la Sangre de Cristo, en la Sagrada Comunión. Después de la misa, sus ofrendas económicas permitirán que la Iglesia continúe su ministerio. El pueblo da y el pueblo

---

9. IGMR, 72.

recibe. Cuando los ujieres o acomodadores recogen la colecta y la llevan al altar, están ayudando a que el pueblo realice su sacrificio y se prepare para recibir el Cuerpo y la Sangre de Cristo. El impacto de la ofrenda va más allá de la misa a la obra de la Iglesia en el mundo.

Algunos domingos la comunidad católica recoge una segunda colecta para alguna necesidad específica. Muchas iglesias la hacen después de la Comunión, aunque si se hace inmediatamente después de la primera colecta, es más fácil comprender el sentido espiritual de estas ofrendas. Aportamos nuestras ofrendas como símbolo de nuestro sacrificio y el Espíritu Santo responde con el mejor de los dones: la Comunión en Cristo.

Rito de conclusión

Celebrado el Rito de la Comunión, la misa termina con anuncios, la bendición y la despedida. Cuando los fieles se retiran de la iglesia, los acomodadores y saludadores ayudan de nuevo. Mantienen la puerta abierta y entregan boletines u otros materiales informativos. Usted les dice adiós a las personas.

Usted ayuda a que los fieles hagan la transición del culto a Dios al servicio del prójimo. Usted los despide renovados en Cristo y buscando maneras de llevar a Cristo a un mundo que lo espera. Los boletines que usted entrega simbolizan esa misión. No solamente salen del edificio, sino que entran al mundo. Una iglesia bien podría colgar este cartel en la salida: ENTRADA A SERVIR. Usted ayuda a la gente a llevar consigo el Evangelio.

El sentido de esta oración [la Plegaria eucarística] es que toda la congregación de los fieles se una con Cristo en el reconocimiento de las grandezas de Dios y en la oblación del sacrificio. La Plegaria eucarística exige que todos la escuchen con reverencia y en silencio.

—*Institución general del Misal Romano, 78*

Otros actos litúrgicos

Los acomodadores son muy útiles en la misa del domingo y tambén necesarios en otras ocasiones litúrgicas. Siempre hay muchos invitados en las bodas y los funerales; algunos serán visitantes que no conocen la parroquia o que desconocen el culto católico. Los acomodadores y saludadores los reciben, les dan la bienvenida y están atentos a que todos se sientan a gusto y participen.

Preguntas para conversar y reflexionar

1. ¿Cómo llegó usted a interesarse en ser acomodador o saludador?

2. ¿Cuándo recibió usted una bienvenida particularmente cálida? ¿Fue en la iglesia o en algún otro lugar? ¿Qué fue lo que hizo tan especial esa acogida?

3. Cuando usted viene a la iglesia, ¿qué ofrece de sacrificio?

4. Cuando sale de la iglesia, ¿qué misión comienza usted?

Capítulo tres

El servicio del ministro de hospitalidad

Era emigrante y me recibieron.

—Mateo 25:35

Los ministros de hospitalidad se distinguen por su actitud de acogida reverente y por discernir las necesidades de las personas a las que reciben. Usted ya leyó que la gentileza y amabilidad que se brindan no son simplemente habilidades sociales; surgen de reconocer el rostro de Cristo en los rostros de las personas que ingresan por la puerta. Para poder traducir ese amor cristiano genuino en obras, deberá saber algunas cosas y practicar algunas cortesías.

Lo que deben saber acomodadores y saludadores

Prepárese a encontrar todo tipo de necesidades y preguntas. Aquí anotamos algunas cosas que deberá saber.

Conozca bien la disposición de los edificios de la parroquia

Algunas de las personas que llegan a la puerta de su iglesia quizás estén despistadas: un vecino que lleva a un niño a una clase de educación religiosa, padres que buscan una clase de preparación para el bautismo, alguien que busca dónde es la primera reunión para el RICA (Rito de Iniciación Cristiana de Adultos). Conocer bien los edificios y el terreno le ayudará a indicarles el camino al edificio correcto y decirles adónde deben entrar. Aprenda dónde queda la entrada a la escuela, las oficinas parroquiales, la rectoría y el salón parroquial; así podrá indicarles a las personas las entradas si los edificios están abiertos en el horario de la misa.

Conozca las reglas de estacionamiento

El estacionamiento de la iglesia los domingos por la mañana puede representar una de las pruebas más difíciles de nuestro amor al prójimo. Tenga presente que su habilidad para ayudar a las personas a encontrar el lugar correcto, señalarles cuáles son los lugares ilegales o reservados y dejarles saber cuáles son las costumbres específicas del lugar (todos salen por un lado y entran por otro, los carriles van en una sola dirección, etcétera) le ayudará a evitar complicaciones cuando las personas entran o salen. Si su parroquia está en la ciudad, infórmese sobre las reglas de estacionamiento de la zona. ¿Se requiere una etiqueta con permiso especial para estacionarse en ciertas calles? ¿Se permite estacionarse en ciertas calles solamente durante ciertas horas los domingos por la mañana o los sábados por la tarde? ¿Está prohibido estacionarse en ciertos lugares en las horas de la misa para permitir que los discapacitados puedan bajarse y subirse de los automóviles?

Conozca el plano interior de la iglesia

Usted debe saber dónde están los baños, cuáles tienen mesitas para cambiar a los bebés y cuáles ofrecen acceso a personas en sillas de ruedas. ¿Hay baños para varones y baños para mujeres o son indistintos? ¿Dónde puede usted encontrar suministros para el baño si hacen falta? ¿Dónde hay agua para beber? ¿Hay algún lugar en donde se pueden dejar los abrigos? ¿Dónde se guardan los objetos perdidos?

Deberá poder indicar el camino a la sacristía a los acólitos, otros ministros y a los sacerdotes que visitan la iglesia. Conozca las normas sobre encender velas y si hay altares o santuarios dedicados a determinados santos. ¿Qué representan las esculturas, los vitrales y demás objetos decorativos en la iglesia? ¿Hay una Capilla del Santísimo separada del presbiterio, o está el sagrario en el presbiterio mismo?

Trate de sentarte en distintas partes de su iglesia para así guiar a los individuos a asientos para sus necesidades particulares. ¿Qué bancos tienen mejor vista para las personas con niños pequeños y si están cerca de los baños o del área para bebés?

Los ministros de hospitalidad reconocen el rostro de Cristo en los fieles que llegan a la iglesia.

¿Hay lugares fríos o cálidos o áreas en que el sistema de sonido no se escucha claramente? ¿Dónde pueden hallar espacio las personas en sillas de ruedas sin llamar la atención? A las personas que usan bastón les puede resultar difícil atravesar los bancos con rodilladero. ¿Hay algún asiento en la iglesia que no presente este problema? ¿Tiene su iglesia alguien que traduzca las lecturas en lenguaje de señas para las personas que no oyen bien? ¿Dónde deben sentarse para ver bien a esta persona?

Conozca al personal de su parroquia

Aprenda los nombres de su párroco, los ayudantes de pastoral y los diáconos, y consulte sus horarios o averígüelos en la rectoría o en la oficina parroquial para saber quiénes están celebrando y ayudando en las liturgias del día. ¿Se queda el celebrante en la iglesia después de misa para saludar a los fieles? ¿En qué lugar estará? ¿De qué manera pueden los fieles ponerse en contacto con el personal de la parroquia durante la semana?

Hay muchas personas dedicadas a servir en la parroquia. Aprenda sus nombres y cuál es su función. ¿El personal cuenta con algún ayudante de pastoral o director de educación religiosa? ¿Quién dirige el coro? ¿Hay diáconos en su parroquia? ¿Con quién deben ponerse en contacto los padres que desean bautizar a sus hijos? ¿Quién coordina el proceso para iniciar a los adultos en la fe (RICA)? ¿A quién debe llamar una pareja que quiere casarse? Mantenga a mano el boletín de su parroquia o elabora su propia lista de los ministros pastorales de la parroquia con los números telefónicos de las oficinas y sus extensiones para que pueda ofrecérselos a las personas que deseen consultarlos.

Sepa qué hacer ante una emergencia

Su parroquia debe tener un plan de contingencia. Apréndaselo y obedézcalo. Entérese dónde se encuentran las salidas de emergencia y cómo facilitar la evacuación del edificio de ser necesario. Usted debe saber dónde se encuentran los extinguidores de incendios y cómo usarlos.

Tome un curso de primeros auxilios, aunque su parroquia no lo exija. Las habilidades que aprenderá pueden salvarle la vida a alguien y la seguridad que ganará puede ayudarle a no perder la cabeza en caso de que se presente una emergencia seria.

Conozca sus responsabilidades con niños y jóvenes

Existen varias empresas que brindan programas con las mejores prácticas sobre protección a niños y jóvenes en instituciones católicas. Esta capacitación generalmente se requiere para empleados, voluntarios y padres en parroquias, escuelas católicas y oficinas diocesanas. Todo el personal parroquial, asalariado o voluntario, que trabaja con niños o jóvenes debe estar certificado a través de este programa para que la parroquia cumpla todos los requisitos.

Pregunte al coordinador de su parroquia si la misma exige que los acomodadores y saludadores obtengan este certificado. Que los ministros obtengan este certificado, aunque no sea obligatorio, beneficia a toda la Iglesia.

Los acomodadores y saludadores se encuentran en una posición privilegiada para darse cuenta de situaciones potencialmente peligrosas. Todos desean sentir que la iglesia es un lugar seguro. Si sabe qué tipos de comportamiento son inaceptables y qué áreas de los edificios están lo suficientemente aisladas como para presentar un peligro, hará su parte para que todos estén seguros.

Sepa cómo participar en la liturgia

Aunque sus funciones sean específicas en la liturgia, la más importante es la misma que la de toda la asamblea reunida: participar plena y conscientemente en la liturgia. Usted debe saber cuándo ponerse de pie, arrodillarse y sentarse; conocer los gestos y acciones apropiados; aprender las respuestas y unirse a los cantos. Como los demás ministros litúrgicos, parte de su ministerio consiste en dar el ejemplo a quienes asisten a la misa, pero no saben bien qué hacer. Todos necesitamos apoyo en nuestros ministerios. Los demás ministros voluntarios y profesionales y el clero necesitan el de usted. Cuando usted conoce la liturgia y participa en ella con respeto genuino y convicción en su papel, apoya el papel de los demás. Cuando usted sabe cuándo actuar y qué hacer, libera a otros ministros para que puedan cumplir sus funciones sin que tengan que estar pendientes de usted y sus funciones. Cuando cada uno cumple bien su función, nos sentimos mejor dispuestos para celebrar la liturgia en espíritu de oración.

Por ser un ministro litúrgico, los demás lo verán como un modelo a imitar, y es muy importante que sepa cómo recibir la Comunión. Los obispos de los Estados Unidos de América han dispuesto que, al acercarnos al ministro de la Comunión para comulgar, ya sea bajo una especie o bajo ambas, primero debemos inclinar la cabeza en señal de reverencia. Luego, en respuesta al ministro que alza el pan eucarístico o el cáliz y dice: "El Cuerpo de Cristo" o "La Sangre de Cristo", decimos: "Amén". Si deseamos recibir la hostia en la lengua, abrimos la boca y extendemos ligeramente la lengua. Si deseamos recibirla en la mano, debemos poner una mano encima de la otra. Cuando la Eucaristía se recibe en las manos, damos un paso a un lado, tomamos la hostia con la mano inferior y la consumimos. Si comulgamos del cáliz, el ministro nos presenta el cáliz; decimos: "Amén"; lo tomamos con la mano, bebemos un sorbo y luego se lo devolvemos cuidadosamente al ministro. Si usted no está seguro de qué hacer y cuándo hacerlo en la liturgia, pídale a su coordinador que le dé algunas sesiones de formación. Probablemente no seas el único que tiene dudas. La mayoría de los libros de cantos incluyen un Ordinario de la misa con todas las respuestas, y los misales brindan un "recorrido" muy detallado de la misa. Si bien lo ideal es que usted aprenda su papel de memoria y no estar pendiente del libro durante la liturgia, materiales como estos pueden ayudarle a prepararse y apoyarlo hasta que sepa bien su parte. Hay muchos otros materiales que lo guiarán a profundizar su experiencia de la misa. Consulte la sección de los Recursos al final.

Por el hecho de que el memorial del Señor se celebra en el altar y allí se entrega a los fieles su cuerpo y su sangre, los escritores eclesiásticos han visto en el altar como un signo del mismo Cristo. De ahí la expresión: "El altar es Cristo".

—*Rito de la dedicación de iglesias y de altares, 4*

Sepa cómo desplazarse respetuosamente por la iglesia

Aunque sus funciones comienzan en las puertas de la iglesia, quizá usted tenga que circular por diferentes lugares del edificio cuando ayude a los fieles a buscar donde sentarse, cuando ayude con las procesiones o recoja la colecta.

Usted debe saber cómo andar por los lugares sagrados con el debido respeto para así ser un modelo de conducta reverente para la asamblea.

Todos nuestros movimientos en el edificio de la iglesia deben ser dignos y respetuosos, pero hay dos lugares sagrados que merecen especial atención: el altar y el sagrario. Al acercarnos al altar o cuando pasamos ante él, debemos venerarlo con una inclinación profunda desde la cintura.

El sagrario es un receptáculo sólido en el cual se guarda el Santísimo Sacramento para los enfermos, para el Viático (la Sagrada Comunión para los que están al borde de la muerte) y para la oración y la meditación. Tradicionalmente, en su cercanía deberá estar encendida una lámpara "que indique y honre la presencia de Cristo".[1] El sagrario se puede colocar en el presbiterio o en una capilla cercana.[2] Cuando nos acercamos o pasamos frente al sagrario fuera de la misa, hacemos una genuflexión, doblando la rodilla derecha hasta el piso como expresión de adoración.[3] Cuando cumpla con sus funciones, usted deberá recordar estas dos posturas

Al llegar frente al altar para recoger la colecta, haga una reverencia profunda ante él.

para venerar el altar y el sagrario: la inclinación profunda y la genuflexión. Por ejemplo, la mayoría de los acomodadores recogen la colecta con los canastos desde el frente de la iglesia hacia atrás. En la parte del frente de la iglesia, ante el altar, deben hacer una inclinación profunda antes de comenzar la colecta.

Aptitudes a cultivar

Estar atento

Los acomodadores y saludadores deben estar atentos tanto a las necesidades de los miembros de la asamblea como a las acciones de la liturgia. Desarrollar esta habilidad puede necesitar tiempo. Descubra su propio proceso para conseguir desconectarse de los asuntos y distracciones de su vida diaria antes de ir a la misa y poder estar atento a la liturgia y a los demás fieles.

Expresarse eficazmente

Combine el contacto visual, las palabras sinceras y el contacto físico apropiado para compartir el amor que usted siente por el pueblo de Dios con todos los que entran a la iglesia. Trate de saludar a todos. Sonría.

---

1. Ver IGMR, 316; con referencia a CIC, can. 940; *Eucharisticum mysterium*, 57 (AAS 59 (1967), p. 569, y Ritual Romano, *Sagrada Comunión y culto eucarístico fuera de la Misa*, edición típica 1973, n. 11.

2. Ver IGMR, 314–315; también *Edificada con piedras vivas*, 70–80.

3. Ver IGMR, 274.

Controlar la multitud

Cuando tenga que indicarles el camino a los fieles, desarrolle métodos que sean compatibles con los puntos fuertes de su personalidad. Su insignia o botón de acomodador o saludador le ayudará a establecer su papel. La cortesía vale mucho: acuérdese de decir "Por favor" y "Gracias" cuando dirija a la gente en un rumbo determinado, cuando les avise que ciertos asientos están reservados o cuando les pida que esperen que pase la procesión antes de buscar asiento.

Compasión

La gente acude a la iglesia con una variedad de retos. Con simplemente mirar a las personas, no se puede saber cuánta angustia mental o emocional podrían estar cargando. Tal vez hayan perdido un ser querido o fueron despedidos de su trabajo. Pueden estar luchando con una enfermedad mental o una adicción. Pueden ser los principales cuidadores de un ser querido confinado y vienen a la iglesia como el único descanso que tienen. Tal vez hayan sufrido cualquier cantidad de traumas. Por eso, procure tener una presencia tranquila y una sonrisa cariñosa que alivie e incluso transforme a alguien, cuya respuesta inicial podría ser hostil, cortante o hasta grosera. No tome esas reacciones personalmente; podrían estar haciendo lo mejor que puedan en su situación actual. En lugar de eso, muéstreles el rostro amoroso de Cristo.

Deberes de los acomodadores y saludadores

Algunas parroquias tienen acomodadores y otras tienen saludadores; otras parroquias tienen ambos. Las responsabilidades pueden variar de parroquia en parroquia.

Al leer esta sección, sepa cuál es su función, cuáles sus responsabilidades y cómo cumplirlas. Si no está seguro, póngase en contacto con su coordinador y averigüe si hay alguna descripción escrita de sus funciones o un conjunto de normas. Si no es así, use esta lista como un esquema para el diálogo, de forma que se pueda desarrollar una descripción o un conjunto de normas.

Antes de la liturgia

HORA DE LLEGADA

Su coordinador le dirá con cuánta antelación llegar. Si usted es responsable de ordenar el templo antes de que lleguen los fieles, deberá llegar mucho antes de la hora de misa.

SU APARIENCIA

Higiene personal y atuendo. Asegúrese de que su ropa esté limpia, bien planchada y apropiada. Su ropa no debe ser provocativa y debe mostrar respeto por usted mismo y por su papel en la vida litúrgica de la Iglesia. Es posible que su parroquia tenga reglas sobre cómo deben vestir sus ministros.

Etiqueta, gafete o insignia con su nombre. Su parroquia puede brindarle un gafete, etiqueta o insignia con su nombre para identificarle como acomodador o saludador. Asegúrese de usarlo y de que sea visible a los demás.

APARIENCIA DE LAS ÁREAS DE ENTRADA, DE REUNIÓN Y PARA LA LITURGIA

Las entradas al edificio. Tal vez su parroquia tenga conserjes que trabajen los domingos, pero no todas los tienen. De ser necesario (y posible) barra las hojas o quite la nieve con pala y rocíe sal en los escalones y senderos cubiertos de hielo. Asegúrese de que nada obstruye las entradas, como mesas para vender boletos. Estire las alfombras para evitar que la gente tropiece en ellas.

Áreas interiores. Ordene los folletos en los estantes y el tablero de noticias. Recoja la basura y las cosas que la gente haya olvidado. Levante los rodilleros de las bancas. Asegúrese de que los canastos para la colecta estén en su lugar.

Los baños. Asegúrese de que los baños estén ordenados y limpios; de que haya papel higiénico, toallas y jabón y que la mesa para cambiar a los bebés esté limpia.

Asientos reservados. Fíjese si algunas áreas deben reservarse y asegúrese de que haya un cartel que haga notar claramente que están reservadas. Asegúrese de quitar los carteles de los asientos reservados para la liturgia anterior si ya no son necesarios.

La temperatura dentro del edificio. ¿Hace demasiado frío, demasiado calor o hay mucha corriente? Conozca las normas sobre quién tiene acceso a los termostatos y si se permite abrir las ventanas.

Al reunirse la asamblea

CONOZCA SU PUESTO

¿Cuál entrada es su responsabilidad? ¿Se supone que usted se para afuera de esa puerta o adentro? ¿Hay saludadores en el área de estacionamiento? ¿Hay alguna persona designada para ayudar a colgar los abrigos?

LOS PUESTOS FUERA DEL TEMPLO

Si su parroquia designa saludadores para el área de estacionamiento (o en la acera, en contextos urbanos) su trabajo será similar al de los acomodadores que ayudan a la gente a encontrar asientos. Ayude a que los conductores encuentren donde estacionarse. Indíqueles las áreas de estacionamiento para las personas incapacitadas, asegúrese de que las personas sepan si hay espacios disponibles en otra área o si se desocupó algún espacio cerca del edificio. Dirija el tránsito si está congestionado. Tenga muy en cuenta la seguridad de los niños pequeños. Si está lloviendo o nevando, usted puede ser la persona que sonríe con un paraguas o un brazo firme para ayudar a alguien mayor cuando el hielo hace que el suelo esté resbaloso.

RECIBIR A LOS FIELES

Reciba a cada persona lo mejor que pueda. Si es posible, salude a cada persona con una sonrisa y un apretón de manos. Si hay demasiada gente para esto, reconozca a cada uno aunque sea con una sonrisa y contacto visual. Pudiera sentirse tentado a conversar con las personas que usted conoce bien, pero no olvide que está allí para ayudar a que todos se sientan bienvenidos.

DISTRIBUYA LAS GUÍAS U OTROS MATERIALES NECESARIOS PARA QUE LAS PERSONAS PARTICIPEN PLENAMENTE EN LA LITURGIA

Los materiales de los fieles para la liturgia están diseñados para que las personas puedan participar como corresponde: cantar, responder y en general seguir la celebración. Es crucial que todos estén en condiciones de participar al tomar asiento. En algunas ocasiones necesitarán otros materiales, como palmas para el Domingo de Ramos y velas para la Vigilia Pascual. También usted es responsable de distribuir estos otros materiales.

DESIGNE LAS PERSONAS QUE ACERQUEN LAS OFRENDAS DE PAN Y VINO

Esfuércese por dar esta oportunidad a diferentes miembros de la comunidad. Usted puede sentirse tentado a pedírselo a las mismas personas semana tras semana, a confiar en las personas que ya conoce bien o que generalmente se sientan en el lugar más conveniente, pero evite hacerlo y pídaselo a familias con hijos, a ancianos, a personas con discapacidades (siempre y cuando les resulte cómodo y seguro llevar las ofrendas), a adolescentes, a varones y mujeres y a gente de distintas

Invitar a los fieles de la asamblea a acercar las ofrendas subraya la participación de la comunidad.

razas. Si usted hace esto cuando los fieles van llegando, tendrá tiempo para explicarles cómo hacerlo. ¿Los va a buscar un acomodador a su banco o deberán esperar una indicación para saber cuándo levantarse? ¿Qué deben hacer al llegar a la entrada del presbiterio? Asegúrese de que usted sabe cómo indicarles qué hacer para que se sientan cómodos.

BUSCAR ASIENTO PARA LOS FIELES

Ubicación. Anime a las personas a sentarse cerca unas de otras y a llenar las bancas delanteras.

Familias con niños pequeños. Ayude a las familias con niños pequeños a hallar asientos que crean convenientes para ellos: cerca de los baños, cerca del área para bebés, cerca de una salida para que se sientan cómodos y puedan cubrir las necesidades de sus hijos sin molestar al resto de la asamblea. Quizás deseen sentarse en la primera fila para que sus hijos puedan ver la celebración.

Personas con necesidades especiales. Usted debe saber qué áreas son de fácil acceso para las personas en sillas de ruedas o las que usan bastones o andadores. Dirija a las personas con problemas auditivos a asientos que les permitan escuchar lo mejor posible o ver al intérprete de lenguaje de señas si su parroquia ofrece este servicio. Ofrézcales audífonos y demás aparatos si su parroquia dispone de ellos.

Visitantes que desconocen el rito católico. Si los visitantes le avisan a usted que no están familiarizados con el rito católico, haga cuanto pueda para hacerlos sentir cómodos. Entrégueles el texto para la liturgia con el orden de la misa para que puedan seguirla y leer las respuestas.

Los que llegan tarde. Debe saber qué hacer con los demorados. Debe estar al tanto de los espacios vacíos para ayudar a los que llegan tarde a encontrar dónde sentarse de manera que puedan acceder a la liturgia casi sin problemas. Pregúntele a su coordinador si hay algunos momentos de la liturgia en que deba pedirles amablemente a los que llegan tarde que esperen en la parte de atrás hasta que pase ese momento y los pueda sentar. Las parroquias siguen diversas costumbres.

Acomodo en una iglesia con sobrecupo. Conozca los procedimientos para acomodar a los que no caben en las bancas, en ocasiones de mucha concurrencia. ¿En qué lugar las personas pueden permanecer de pie sin impedir la acción de la liturgia? ¿La parroquia tiene sillas plegables para brindar asientos adicionales? Usted debe saber en dónde se guardan y dónde disponerlas. ¿Hay algún espacio para acomodar a los que no caben en las bancas?

Durante la liturgia

SEA MODELO DE PARTICIPACIÓN

Su tarea de acomodador o saludador no es algo que realiza nomás porque es lindo servir como voluntario y usted es simpático. Es parte de la liturgia; es la función del pueblo de Dios. Sin duda, usted está allí por los demás, pero primeramente está allí para participar en la liturgia, para ser edificado, para ser templo santo en el Señor. Por lo mismo, debe tomar su obligación de participar en la liturgia tan seriamente como toma sus obligaciones de ministro. Ambas cosas van de la mano.

Esto significa que, si bien usted debe estar en su puesto para recibir y acomodar a los que llegan tarde, también debe estar atento y participar del comienzo de la liturgia; deberá entonar los cantos y responder. Cuando es momento de tomar asiento, usted se une a la asamblea. Puede que su parroquia le haya reservado un asiento especial, pero sigue siendo parte de la asamblea. Incluso si su asiento está separado de los bancos, su postura y sus acciones deben indicar que usted sigue siendo un miembro de la asamblea. Póngase de pie cuando todos se ponen de pie, siéntese cuando todos se sientan y arrodíllese cuando todos se arrodillan a menos que su papel le exija adoptar una posición distinta. Deberá dar ejemplo con las acciones apropiadas. Si necesita repasar, lea un misal actualizado o algún otro material de los recomendados al final de este libro.

Concéntrese en la acción de la liturgia. Mire al lector, salmista, diácono o sacerdote durante la proclamación de la Palabra; mire al celebrante y la acción en el altar durante la Liturgia de la Eucaristía.

Conozca y ejecute las posturas y los gestos adecuados para las oraciones de la liturgia y para recibir la Comunión.

Cante durante la liturgia (a Dios le agrada su voz, aunque usted crea que no es muy buena).

Deberá estar atento a las necesidades de los demás acomodadores y saludadores y los demás ministros de la liturgia, pero no debe establecer conversaciones innecesarias.

Por eso, al edificar día a día a los que están dentro para ser templo santo en el Señor y morada de Dios en el Espíritu, hasta llegar a la medida de la plenitud de la edad de Cristo, la Liturgia robustece también admirablemente sus fuerzas para predicar a Cristo y presenta así la Iglesia, a los que están fuera, como signo levantado en medio de las naciones, para que, bajo de él, se congreguen en la unidad los hijos de Dios que están dispersos, hasta que haya un solo rebaño y un solo pastor.

—*Sacrosanctum concilium*, 2

Ayude con las procesiones y otras funciones

Procesión de entrada. El momento de la procesión de entrada puede ser ajetreado, incluso frenético. Los acomodadores y saludadores pueden ayudar a desviar a las personas que llegan tarde en vez de hacerlas atravesar el grupo reunido. Dirija a las personas a las puertas y pasillos laterales para que no interfieran con la procesión, y el celebrante y los músicos puedan verse y comunicarse en todo momento.

Procesión para la Liturgia de la Palabra con niños. Si su parroquia cuenta con ministros que celebran la Liturgia de la Palabra con niños en un lugar separado, el celebrante convocará a los ministros y a los niños para que se reúnan después de la Oración colecta. Averigüe qué espera la parroquia que haga en este momento. ¿Acompañan los acomodadores la procesión hasta las puertas? ¿Se debe sostener abierta alguna de las puertas para que los niños pasen o se debe cerrar alguna puerta una vez que los niños se retiren del área para la celebración? Pregunte al coordinador cuál es la costumbre en la parroquia.

Despedida de los catecúmenos. Si hay personas que han sido aceptadas en el orden de los catecúmenos por medio del Rito de la Iniciación Cristiana de Adultos (RICA), los catecúmenos pueden estar presentes en la misa en la que usted sirve. Generalmente deben retirarse de la asamblea después de la homilía para que puedan dedicar tiempo a meditar y dialogar sobre la Palabra que se acaba de proclamar. El coordinador de los acomodadores y saludadores debe asegurarse de que usted sabe cuándo y cómo esto se llevará a cabo. ¿Se debe abrir o cerrar alguna puerta después de que los catecúmenos se retiren del área para el culto? Asegúrese de saber adónde se dirige el grupo después de la despedida, porque después de la misa, quizás los amigos y familiares de los catecúmenos deseen encontrar el grupo.

Regreso de los niños a la asamblea. Las parroquias manejan el regreso de los niños a la asamblea después de la Liturgia de la Palabra de diferentes maneras. Generalmente los niños regresan mientras se realiza la colecta. El Comité sobre la Liturgia se debe encargar de la coreografía de este momento y tu coordinador debe comunicártela para que el regreso de los niños sea una reentrada gozosa a la comunidad en vez de que haya mucho trajín desorganizado.

Hacer la colecta. Su coordinador le explicará el procedimiento a seguir en la parroquia y le dirá de qué sección de la asamblea será usted responsable. Algunas parroquias usan canastos con manijas largas que el acomodador extiende para alcanzar a todos los que se sientan en un banco. De usar este tipo de canasto, ensaye con él vacío y lleno de mone-das. Sea consciente de sus movimientos para no golpear accidentalmente a nadie con la manija. Deberá estar atento a todas las personas en el banco para no pasar a nadie por alto y para que quienes no contribuyan no se acomplejen. Si alguien no está preparado todavía, déjele saber que volverá a buscar su contribución si esperarlo en ese momento implica demorar mucho la colecta. En otras parroquias, se pasan canastos pequeños de fila en fila y de mano en mano. En ese caso, deberá estar preparado para dar instrucciones si alguien en el banco no sabe en qué dirección debe pasar el canasto. Al recoger las ofrendas de los fieles, asegúrese de sonreír. Haga contacto visual,

Al colectar las ofrendas de los fieles, muéstreles una cara amable.

sonría y recuerde que las personas están ofreciendo sus tesoros y también su corazón para prepararse para el siguiente movimiento de la liturgia.La presentación de las ofrendas. Cuando llevamos al altar nuestras ofrendas de pan y vino y dinero u ofrendas para los pobres, expresamos nuestro deseo de convertirnos en parte de este intercambio con Dios. Los miembros de la asamblea que llevan nuestras ofrendas al altar representan toda la asamblea, por lo tanto, asegúrese de invitar a personas de distintas edades, nacionalidades y razas a participar cada semana. Usted puede pedírselo a familiares que estén celebrando el bautismo de un niño, a una pareja que quizás esté celebrando su aniversario o a una pareja comprometida próxima a casarse. Esta procesión no debe ser apresurada y la presentación de nuestras ofrendas de dinero debe ser tan deliberada como nuestra presentación del pan y del vino. En muchas parroquias, el celebrante recibe y acepta el dinero, a pesar de que la buena administración exija que se guarde directamente en un lugar seguro.

Procesión para la Comunión. Su coordinador sabrá cómo disponerla. En algunas parroquias la procesión fluye armoniosamente y basta con que los acomodadores se quiten del paso. Si se necesita ayuda, deberá estar pendiente de los visitantes que quizás no conozcan la rutina en su área. Haga contacto visual y gesticule para guiarlos en la dirección correcta. La mayoría de las personas podrá seguir a las personas que encabezan la procesión, pero esté especialmente atento los días en los que los primeros bancos se llenan de familiares y amigos que asisten a un bautismo. Es posible que muchos de ellos no hayan asistido a la iglesia desde hace tiempo o no sean católicos, en ese caso, no podrán "encabezar" la procesión. Antes de la misa infórmeles los procedimientos y qué hacer si no van a comulgar. Esta situación quizás también se presente en otras ocasiones, como en funerales y matrimonios.

Esté muy atento a los fieles con discapacidades que quizás no puedan unirse a la procesión y avisar a los ministros de la Comunión para que se la distribuyan. Pero considere también que algunas personas con discapacidades podrán, y querrán, unirse a la procesión; no dé por sentado que ellas desean que los ministros vengan. Pregúnteles.

Sea muy considerado con las personas que desean permanecer en los bancos. Reconozca su presencia; no las ignore. Déjales saber si alguien necesita pasar por donde ellas están.

Durante las celebraciones especialmente las muy concurridas, como en Navidad y en Pascua, cuando es probable que haya visitantes que no conozcan el templo y el procedimiento para la procesión para la Comunión, quizás usted deba estar más atento. Trabaje junto a su coordinador con antelación para agregar puestos para la Comunión y para establecer el movimiento de la procesión. Sin importar cuánto apremie mantener el orden, sea siempre gentil y amable, además de firme.

Al despedir a la asamblea

REGRESAR A SU PUESTO

Durante el canto de despedida, regrese al lugar en el que usted ha recibido a los fieles.

AYUDAR A LOS MINISTROS EN LA PROCESIÓN DE SALIDA

Uno de los acomodadores o saludadores será el responsable de cubrir las necesidades de los ministros que son parte de la procesión de salida. Tomar sus libros de canto, asegurarse de que los acólitos apaguen sus velas y ayudarlos a atravesar la multitud para que el fuego y la cera caliente no presenten un problema.

Despedir y distribuir los boletines

De la misma manera que recibió a los que llegaban, haciéndolos sentir bienvenidos, ahora concéntrese en reafirmar el mensaje de despedida: "pueden ir en paz" y en algunos sitios se agrega "a amar y servir al Señor". Haga lo posible para garantizar que todos sean reconocidos por su participación en la celebración del día: deles un amable apretón de manos, sonría y anímelos a regresar. Que éste sea un momento para compartir el amor y la paz de Cristo. Centre su atención en cada persona.

Al despedir a los fieles, muestre el amor y la paz de Cristo, siendo atento con ellos.

El boletín contiene noticias e información sobre las diversas maneras en que somos Iglesia. Aquí los fieles encuentran información sobre los próximos matrimonios y bautismos, los nombres de los miembros fallecidos recientemente y de los que se han convertido en nuevos miembros de la parroquia. Se enteran de los niños que se preparan para celebrar los sacramentos. Aquí se publican los días y horarios de las reuniones de todos los ministerios. Este boletín es parte de las "instrucciones para la acción" de los miembros. Anime a todos a que se lleven uno a su casa.

Celebraciones después de la liturgia

Si hay alguna reunión especial después de la liturgia, dirija a las personas hacia el sitio, pero no las acompañe; permanezca en su puesto para dirigir a los demás y despedirse de las personas que no se quedarán en la reunión.

La colecta

Si la colecta no se llevó a un lugar seguro durante la liturgia, ahora es momento de que los acomodadores designados se aseguren de controlar la colecta y llevarla al lugar apropiado. Todas las parroquias tienen procedimientos para esto y usted debe obedecerlos al pie de la letra.

Después de la liturgia

Una vez que la asamblea se haya dispersado, será momento de realizar la limpieza. Fíjese si hay objetos perdidos, regrese misalitos e himnarios a su lugar. Recoja las guías de oración utilizables para la liturgia para que puedan ser recicladas. Recoja la basura. Quite los carteles de reservado que no se necesitarán en la siguiente liturgia. Quítese el gafete o insignia de acomodador y guárdelo para que los ministros de la siguiente liturgia puedan encontrarlo.

Dependiendo del tiempo entre misa y misa, quizás ya comiencen a llegar los acomodadores y saludadores de la siguiente. Recíbalos. Déjeles saber si se realiza alguna reunión especial y póngalos al tanto de los problemas que pudieran haber surgido y que quizás estén pendientes. Si alguien olvidó algo de valor, avíseles a los siguientes acomodadores y saludadores dónde encontrarlo en caso de que el dueño vaya a buscarlo durante la siguiente liturgia.

Circunstancias especiales
Lidiar con las interrupciones y problemas

Como sabemos, la vida muchas veces es caótica y la vida de la Iglesia no es una excepción. Las personas son impredecibles y los problemas del mundo también son los problemas de la Iglesia. Durante la misa, habrá niños que lloren, cosas que se caigan, personas con problemas emocionales que hagan escándalos. Incluso, en casos excepcionales, se puede suscitar la violencia. Sea compasivo cuando surjan interrupciones y problemas. Deberá ser compasivo con toda la asamblea y también con las personas involucradas en la interrupción o problema.

Niños que lloran

Un niño que llora no es una molestia; es un miembro del Cuerpo de Cristo. Pregúntele a su coordinador cuál es la práctica de la parroquia. Algunas parroquias publican en el boletín para tranquilizar a los padres, que los niños son bienvenidos en la asamblea y que se prevén ciertas interrupciones; les hacen saber qué tienen disponible para ayudarlos (un área para bebés o una sala adyacente a la cual los padres pueden llevar a los niños que requieren atención). Si los niños son ruidosos y un acomodador se acerca al banco para ofrecer ayuda, los padres pueden pensar que es un entrometido. Pero si el padre lleva a un niño alterado a la parte de atrás de la iglesia, sería un signo de hospitalidad encontrarse con el padre y darle una palabra de aliento y ayudarlo.

Teléfonos celulares

La mayoría de las personas aprecian que se les recuerde silenciar sus teléfonos celulares, ya sea mediante letreros a la entrada de la iglesia, una nota en las guías de oración o con un anuncio antes de que comience la misa. Nadie quiere causar ese tipo de distracción, y sin embargo sucede. A menos que, por alguna razón, un teléfono que suena se deje desatendido en un banco sin nadie que lo atienda, esta situación no necesita la atención de un ministro de hospitalidad.

Las interrupciones

Más serias que las distracciones son las interrupciones. Interfieren con la celebración litúrgica, pueden ser atemorizantes, ponen en peligro a las personas y requieren de algún tipo de intervención.

Comportamiento agresivo

Resultado de una intoxicación, de una enfermedad mental no tratada o de una discapacidad significativa, las personas pueden mostrar un comportamiento agresivo. Esto puede incluir gritar en voz alta, hacer gestos amenazantes o entrometerse en el espacio personal de los demás. A menudo, la mejor intervención es simplemente observar desde una distancia prudente; el comportamiento puede ser de corta duración y el problema resolverse por sí solo. A veces, sin embargo, es posible que haya que acercarse a las personas para hacerles saber que está preocupado, procurando que otro ministro de hospitalidad esté cerca, para auxiliarlo en caso de que necesite ayuda.

Emergencias de comportamiento

Si alguien amenaza con dañarse físicamente o dañar a otros, o no detiene su comportamiento disruptivo, cabe considerar la situación como una emergencia de comportamiento. Como todas las emergencias, se debe llamar a los expertos en respuesta a emergencias. Será muy útil saber con anticipación quién en la parroquia es un profesional de la salud mental o ha trabajado en alguna agencia de seguridad policial legal o en el ejército. Estas personas pueden ser recursos invaluables en una emergencia si les pide ayuda. Pueden tener habilidades mejor entrenadas para controlar a una persona y solventar una emergencia con toda seguridad. Sin embargo, si la situación no se puede resolver de manera segura con recursos propios, se deberá pedir ayuda externa. Al llamar al 911 u otro número de emergencia local, proporcione una descripción clara del comportamiento, la mejor puerta para ingresar y si se necesita auxilio médico además de la seguridad policial. Dependiendo de su ubicación, se podrá enviar un equipo especial de respuesta a situaciones de crisis, compuesto por agentes de la ley y profesionales de la salud mental. Cuando lleguen, responda sus preguntas de manera sucinta y objetiva, y siga sus instrucciones.

Algunas veces un adulto puede presentar un problema. Quizás la persona abusó de ciertas sustancias o es emocionalmente inestable. Sin importar cuál sea la causa, la persona merece una respuesta gentil. Sea amable pero también firme. Haga lo posible por llevar a la persona a donde puedan hablar. Otros ministros deben estar atentos y ayudarlo; si no lo hacen, haga señas a alguien. No se arriesgue a llevar usted solo a una persona potencialmente violenta a un lugar aislado.

Emergencias médicas

Un curso de primeros auxilios resulta precioso, en estos casos. Será mucho más probable que usted responda rápida y adecuadamente, si sabe qué hacer. Pero si no tiene capacitación en primeros auxilios, no deje que eso le impida hacer algo. Si conoce a profesionales médicos en la asamblea, avíseles. Sepa dónde está el botiquín de primeros auxilios. Mantenga su teléfono celular con usted durante la misa (silenciado, por supuesto) para poder llamar rápidamente al 911, de ser necesario. Reconozca sus limitaciones; no trate de manejar una situación que esté más allá de sus capacidades.

Si la liturgia deba detenerse hasta resolver una situación de emergencia (conductual, médica o de cualquier tipo), será el que la preside quien tome esa decisión. Los ministros de hospitalidad intentan equilibrar la necesidad de preservar el orden y la tranquilidad para que la liturgia no se vea interrumpida por la preocupación primordial de la caridad: cuidar a la persona en crisis. Por supuesto, los esfuerzos para salvar vidas deben proceder con la mayor rapidez posible. El presidente de la asamblea decidirá si el personal médico o de emergencia puede hacer su trabajo en segundo plano, o si la situación es tan grave que la acción litúrgica deba detenerse y hacer una oración silenciosa por el paciente hasta que se satisfagan las necesidades.

DESASTRES NATURALES

Conozca cómo proceder en situaciones que pueden presentarse en su área o región. ¿Es un lugar donde puede haber tornados, huracanes o terremotos? ¿Hay refugios en el edificio de la iglesia? ¿Dónde están? Y de ser necesario, ¿cuál es el plan de evacuación? ¿Cómo van a reunir a los niños que están en la catequesis con sus padres que están en la iglesia?

INCENDIO

Todos los edificios deben tener un plan de evacuación en caso de incendio. Usted debe saber dónde se encuentran todas las salidas de emergencia. Debe saber dónde se encuentran todos los extinguidores y cómo usarlos. Tampoco debe usted intentar manejar esta situación si escapa a tu capacidad.

VIOLENCIA

Muchas iglesias y escuelas parroquiales tienen procedimientos a seguir en caso de violencia o amenaza de parte de alguien. Si su parroquia no ha hecho esto, créelo con su coordinador. La violencia puede surgir de circunstancias tales como el odio racial, étnico o religioso, pandillas, disputas entre familiares o amigos, o una enfermedad mental.

En ciertos planes de seguridad, el contacto visual directo de los saludadores y la interacción verbal con quienes ingresan a la iglesia se consideran tanto una expresión sincera de afecto como una especie de evaluación de amenazas. Pero es importante no malinterpretar el comportamiento inusual como una amenaza cuando simplemente puede ser el resultado de peculiaridades inofensivas de la personalidad o enfermedades mentales.

Las situaciones de emergencia requieren procedimientos cuidadosamente ponderados y claramente comunicados. Si su parroquia no le ha informado de ellos, acuda a su coordinador y aborden estos potenciales problemas.

Liturgias en ocasiones especiales

Algunos de estos días especiales de nuestro calendario litúrgico exigirán cambios en las acciones de la liturgia. El coordinador deberá comunicarle si habrá rito de aspersión, procesiones especiales o uso de incienso. Hay libros que brindan normas y sugerencias para celebrar las liturgias del año. Todos los ministros litúrgicos deben tener acceso a uno de ellos por medio de su coordinador. Por ejemplo, *Sourcebook for Sundays, Seasons, and Weekdays: The Almanac for Pastoral Liturgy* (Liturgy Training Publications) aborda estas cuestiones en cada tiempo y para cada día del año litúrgico. Le ayudará mucho saber con antelación qué ritos especiales se realizarán para colaborar en ellos. Sin embargo, su coordinador le informará la forma específica en la que su parroquia realizará la celebración ese día determinado.

OTRAS OCASIONES

Bautismo, confirmación, primera Comunión. Su parroquia quizá celebre estos sacramentos de iniciación para infantes, niños y adolescentes en una misa de domingo. Pero, aunque no se celebran en esa oportunidad, siguen siendo celebraciones parroquiales y lo ideal es contar con acomodadores y saludadores. Dichas liturgias brindan oportunidades especiales para recibir a las familias y amigos de estos niños. Quizás es la primera vez en mucho tiempo que estas personas están en la iglesia y su presencia puede ayudarlas a que disfruten de la experiencia. Estos son momentos para la evangelización, cuando los corazones de los que han estado inactivos pueden ser conmovidos por una comunidad parroquial afectuosa y cálida.

Matrimonios, quince años y exequias. A estas liturgias asisten principalmente los familiares y amigos, pero también son celebraciones parroquiales y se necesitan acomodadores y saludadores. Las necesidades específicas de las personas que se reúnen para un matrimonio son semejantes a las reunidas para una celebración por los quince años, pero muy diferentes a las de quienes se reúnen para una misa de exequias; sin embargo, es necesario que ambos grupos sean bien acogidos y se sientan cómodos.

Las celebraciones de matrimonios son ocasiones de alegría, pero suelen estar cargadas de nerviosismo para los novios, los invitados y los familiares cercanos. Generalmente, los amigos y familiares de la pareja servirán como acomodadores, ellos acomodarán a los invitados y distribuirán las guías impresas para la liturgia, pero algunos acomodadores experimentados que saben dónde se encuentran las cosas y pueden responder las dudas de los invitados ayudarán a que todo fluya sin mayor problema.

La congregación de fieles para la Bendición por los Quince años es parecida a la del matrimonio, con la diferencia de que amigos y familiares de la quinceañera suelen ser adolescentes y jóvenes, a veces bastante inquietos.

En todo caso, es muy importante ser amables y respetuosos con todos ellos, y hacerles saber que son bienvenidos en la Casa de Dios, la Casa de todos.

Cuando las personas se reúnen para un funeral, el sentimiento de pérdida y tristeza hace que los ministros compasivos de la hospitalidad sean aún más importantes. En su parroquia, quizás haya un ministerio especial de consuelo que brinde acomodadores y saludadores para las exequias. Si no es así, trabaje con su coordinador, el director de la liturgia, el ayudante de pastoral, el diácono o el párroco para averiguar si hay procedimientos especiales.

Otros tipos de liturgia: Liturgia de las horas, liturgia de la Palabra y devociones. Los fieles se reúnen para rendir culto y celebrar de diversas maneras además de la misa del domingo, los sacramentos y los funerales. Estas celebraciones pueden incluir: la Oración de la mañana (Laudes) o la Oración de la tarde (Vísperas), una Liturgia de la Palabra, Confesiones, Vía Crucis, recitaciones del Rosario, adoración y bendición con el Santísimo Sacramento. Quizás se requieran acomodadores y saludadores para estas celebraciones. Sus funciones no serán idénticas a las de la misa dominical, pero la responsabilidad principal seguirá siendo la hospitalidad. Procure estar atento a las necesidades de la congregación, hágala sentir bienvenida, segura y cómoda. Quizás distribuya guías o ayudas para la liturgia y, como siempre, sea ejemplo de una participación fervorosa. Quizás haya diferentes tipos de procesiones con las que deba usted colaborar y tal vez haya más personas que no estén familiarizadas con las acciones y movimientos. Si lo llaman para formar parte de un rito nuevo para usted, asegúrese de averiguar sus funciones particulares con el coordinador. Pregunte también sobre el rito para comprender cómo participar mejor y con devoción.

Sea solidario y responsable

¡Sea digno de confianza! Asista cada vez que su nombre esté en el horario para ser ministro de hospitalidad. El papel del acomodador y del saludador es tan importante y crucial para la vida de la parroquia como el de cualquier otro ministro. Después de todo, usted es el primer rostro que las personas asociarán con la iglesia al llegar. Si no puede asistir usted a la misa en la que servirá como ministro, siga los procedimientos para hallar un sustituto. Tenga el horario a mano. Marque en su agenda o en su calendario los días en que debe servir. Informe al coordinador qué días estará usted disponible y qué días no. Si su vida da un giro inesperado y le resulta difícil cumplir su compromiso ministerial, hable con su coordinador y tómese unos días hasta que pueda renovar su compromiso con el ministerio.

Esté dispuesto a aprender. Leer esta guía es una buena forma de empezar. Consulte la sección de recursos y planee hacer más lecturas.

Siga creciendo espiritualmente. Participe en las sesiones de instrucción que ofrece su parroquia para sus ministros litúrgicos. Crezca como persona de la palabra y persona de oración.

Sea miembro activo de la parroquia. Usted está recibiendo a las personas a la vida de la Iglesia. ¿De qué manera podrá darles la bienvenida a las personas a esa vida si usted no la vive también? Nadie puede hacer todo ni participar en todas las reuniones, pero habrá que esforzarse por participar en actividades catequéticas, sociales y de apostolado. Si su parroquia organiza convivencias después de la misa o en ocasiones especiales, asista no nada más porque sea acomodador, sino porque le agrada estar con los demás fieles. Mientras más profundos sean sus vínculos fuera de la misa del domingo, los fieles se sentirán más y más ligados a la parroquia cuando usted los reciba a sus puertas.

Preguntas para conversar y compartir

1. ¿Qué cosas necesita aprender usted para ser un acomodador o un saludador eficaz? ¿Cómo las va a aprender?

2. ¿Qué tareas de este ministerio le parecen más fáciles y naturales a usted?

3. ¿Cuáles tareas cree que le son más difíciles?

4. ¿Cuáles actitudes y estrategias le parecen a usted las más eficaces para las diferentes tareas de su ministerio?

5. ¿A quién le pediría que fuera su mentor en este nuevo ministerio?

Capítulo cuatro

Espiritualidad y discipulado

El amor de Dios ha sido derramado en nuestro corazón
por el don del Espíritu Santo.

—Romanos 5:5

Los acomodadores y saludadores tienen tareas que cumplir. Saludan a los fieles en la puerta, y les ayudan a encontrar un asiento. Recogen la colecta. Pero éstas no son tareas que simplemente van tachando en sus listas. Son ministerios. Y requieren corazón de ministro.

La actitud que usted adopte para su función es tan importante como el trabajo que realiza. Ejerce este ministerio en la iglesia. Su fe es su motivación principal. Usted cree en Dios, lo ama, y desea servirle. Expresa su deseo de servir de diversas maneras, y una de ellas es servir de acomodador o saludador. Usted demuestra la calidad de su amor por Dios en el modo de saludar a las personas, de ocuparse de sus necesidades, de manejar su ofrenda de dinero y de responder sus preguntas.

No es fácil ser como Cristo todo el tiempo. Pero especialmente cuando estamos en la iglesia, el poder de su sacrificio nos invita a compartir su espíritu de servicio con los demás y a permitir que la caridad del Espíritu Santo fluya por vía nuestra.

Nos resulta más difícil recibir a ciertas personas que a otras. Pero las puertas de nuestra iglesia están abiertas de par en par. Cristo recibe incluso al forastero y al pecador.

Una acogida poco amable tiene sus consecuencias. Cuando Jesús envió a los Doce de dos en dos, sabía que algunas personas rechazarían el mensaje que sus discípulos le iban a predicar. "Cuando entren en una casa, quédense en ella hasta que se vayan de ese lugar. Si en alguna parte no los reciben ni los escuchan, al abandonar ese lugar, sacúdanse el polvo de los pies, como una advertencia para ellos".[1] Seguramente usted ha entrado a lugares donde no se sintió bienvenido. Probablemente se prometió nunca volver a allí. Esto les pudiera suceder a algunas personas que acudieran a su iglesia. Pero usted puede ayudarlas a tener una experiencia positiva del edificio y de sus fieles.

Después de la misa y a lo largo de la semana, esfuércese por cultivar un corazón hospitalario. Reflexione en el comportamiento que asumirá en la iglesia. Es un camino de ida y vuelta. Su servicio en la iglesia también le ayudará a mantener un espíritu amable en el hogar y en el trabajo durante la siguiente semana.

---

1. Marcos 6:11.

Ser hospitalario

Algunas personas tienen un don natural para la hospitalidad. Les encanta estar con otras personas. Se les ilumina la cara cuando ven entrar a alguien. Quieren que usted visite su casa y le prestan su entera atención cuando ocurre. Quieren que se sienta como en su propia casa, literalmente: "Mi casa es su casa".

Otras emplean estas habilidades en su trabajo. Especialmente si su trabajo consiste en vender productos, han aprendido la importancia de hacerse amigos de los clientes. Es más probable que usted compre algo a quien se ha ganado su confianza. En muchos negocios, las ventas implican comisiones, por lo tanto, ser un vendedor simpático trae una recompensa económica. Un buen vendedor no finge, sino que realmente cree en su producto y realmente quiere ayudar al cliente.

Algunos negocios contratan a personas para recibir en la puerta a los clientes. En tiendas de comestibles y en auditorios, cuando usted entra al edificio, quizás se encuentre cara a cara con un voluntario de traje que lleva una etiqueta con su nombre y una sonrisa. La compañía no espera que ellos realicen la venta, sólo que reciban bien a los clientes. Estos voluntarios muchas veces son las personas mejor informadas que usted encuentra; pueden contestar preguntas básicas sobre sus necesidades y lo hacen muy amablemente. Las personas que lo reciben bien no le imponen su presencia. Si usted no necesita su ayuda, su gesto de hospitalidad es sonreír y dejarlo ingresar, ya que respetan sus conocimientos y sus propósitos.

Los saludadores en la iglesia usan esas mismas habilidades. La diferencia es el motivo por el cual están allí. En los negocios, la persona que recibe trabaja porque cree en el negocio. En la iglesia el saludador trabaja porque cree en Dios. La oportunidad de compartir la fe brinda a cada encuentro en la iglesia un significado más profundo que el que se obtiene al conducirlo al pasillo donde están las frutas enlatadas.

Usted saluda personas todo el día. Lo hace por teléfono, con correos electrónicos, con mensajes de texto y en persona. Reflexione un momento sobre las comunicaciones que ha establecido en los últimos días, ya sea en casa o en el trabajo, haciendo sus quehaceres o descansando.

- ¿Cómo reacciona usted cuando suena el teléfono? ¿Lo siente como una molestia? ¿Se le nota en la voz?

- ¿De qué manera lidia con los televendedores? ¿Les cuelga el teléfono? ¿Se niega a escucharlos? ¿Se enoja? ¿Les dice que no, pero cortésmente?

- ¿Cómo responde usted a los mensajes electrónicos? ¿Es rápido y preciso? ¿Alguna vez responde con ira a algún mensaje instantáneo?

- ¿De qué modo responde cuando un extraño le pide ayuda? ¿Desea poder ayudarle o se pone ansioso por alejarse de él?

- ¿Juzga usted a las personas por su apariencia? Si la persona que le pide ayuda es de otra raza o si tiene un acento diferente al de tus amigos o si usa ropa diferente a la tuya, ¿te pones tenso? ¿Evita a personas de determinada edad, a los jóvenes o a las personas mayores? ¿Tiende a ayudar a las personas de buen aspecto antes que a las enfermas y desfiguradas?

Al saludar a cada fiel en la iglesia, usted saluda a un hijo o hija de Dios. No les saluda como si fueran clientes potenciales, ni como si fueran una molestia sino como miembros del Cuerpo de Cristo.

Si usted quiere aprender los nombres de las personas que asisten a la iglesia, cultive esta habilidad. Aprenda los nombres de sus vecinos y colegas.

Para ser un buen anfitrión, deberá ser usted un buen invitado. Cuando alguien lo invite a cenar, envíele una nota de agradecimiento. Le han hecho un favor. Le han ayudado a ser un mejor ministro de hospitalidad. Después de que sus amigos lo hayan recibido en calidad de invitado, incluso si no le han causado una impresión demasiado buena, comprenderá mejor cómo recibir a otras personas.

Jesús hizo también hincapié en la importancia de dar una buena acogida. Sabía que quienes no fueran bien recibidos se sentirían excluidos. Entonces les enseñó a sus seguidores que incluyeran a los demás, especialmente a quienes quizás hubieran preferido evitar.

Algunos textos bíblicos a considerar sobre la hospitalidad:

1. **Mateo 18:5.** Cuando los discípulos intentaron evitar que los niños molestaran a Jesús, éste pensó que la opinión de los discípulos era completamente errónea: "El que reciba en mi nombre a uno de estos niños, a mí me recibe".[2]

2. **Lucas 15:20.** En la parábola del hijo pródigo, el padre tenía muy buenas razones para estar enojado con su hijo. Pero cuando el hijo regresa, el padre corre a su encuentro. Ama al hijo tanto que ve al muchacho infeliz que se esconde detrás del hijo resentido.

3. **Lucas 15:2.** Jesús desconcertó a los fariseos con su hábito de cenar con pecadores. Esto escandalizaba a los que se creían religiosos, pero Jesús obviamente sentía que tenía que hacerlo.

Después de la muerte de Jesús, los discípulos tuvieron necesidad de ser recibidos cordialmente. Como sufrían persecución, el cálido abrazo de la amistad significaba mucho para ellos.

1. **Romanos 16:2.** Pablo le pide a la iglesia en Roma que reciba bien a Febe, de una manera digna de los santos.

---

2. Ver también Marcos 9:37 y Lucas 9:48.

2. **Colosenses 4:10.** Pablo no estaba seguro de si Marcos podría visitar la iglesia en Colosas, pero les pide a los cristianos de esa ciudad: "Recíbanlo si va por allá".

3. **2 Corintios 7:15.** Pablo alaba a la iglesia de Corintio por la manera en la que recibió a Tito. Tito se quedó tan impresionado por su acogida que le habló a Pablo al respecto y Pablo a su vez quedó tan impresionado que elogió la amabilidad de esa iglesia.

4. **Hechos 15:4; 21:7–8; Gálatas 4:14.** Estos tres pasajes indican el tipo de bienvenida que recibió Pablo en diferentes ocasiones. Muestran cuánto la iglesia temprana valoraba la virtud de la hospitalidad.

5. **Hechos 28:30.** Durante dos años, Pablo estuvo bajo arresto domiciliario en Roma, sin embargo, recibía a todos los que lo iban a ver.

Una buena manera de cultivar un corazón hospitalario es acoger a todos por igual, santos y pecadores, sea en el trabajo, en el hogar o en la iglesia.

Discernir las necesidades

Debes estar atento a las necesidades que puedan tener los que acuden a la iglesia. Usted puede practicar esta habilidad durante toda la semana. Al entrar a un negocio delante de otra persona, mantenga la puerta abierta para que ella pase. Si alguien necesita ayuda para cargar su compra, dele una mano. Si algunos padres parecen estar estresados con las necesidades de sus hijos, bríndeles una sonrisa y una palabra de aliento. Si un niño está solo o puede estar en peligro, busque ayuda.

Ninguna de estas habilidades es cosa extraordinaria. Responder con compasión a los que nos necesitan es una virtud humana básica. Hasta los que no profesan la fe en Cristo ayudan a otros seres humanos y sus acciones los llenan de satisfacción.

Cristo aprueba y santifica la hospitalidad humana. En todo el Evangelio hay evidencia de esto, pero estos pasajes le darán en qué meditar:

1. **Mateo 25:31–46.** Jesús imagina un rey que divide la gente como el pastor separa las ovejas de los cabritos. Alaba a quienes alimentaron a los hambrientos, dieron de beber a los sedientos, hospedaron a los forasteros, vistieron a los que estaban sin ropa, visitaron a los enfermos y fueron a ver a los encarcelados. ¿Cuándo realiza estas cosas en su vida? Y, al hacerlas, ¿se da cuenta de que es a Cristo a quien se las hace?

2. **Lucas 9:11.** Cuando la multitud seguía a Jesús, éste se preocupaba por cubrir sus necesidades. Hasta les dio comida en abundancia, al multiplicar unos pocos panes y pescados. Todos conocemos el relato de la multiplicación de los panes, pero la versión de san Lucas incluye un detalle particularmente encantador. Antes de que Jesús comenzara

a predicar, antes de que cayera la tarde y antes de que los Doce enfrentaran el enorme problema de la comida y del albergue, Jesús hizo una cosa. Su primera acción por esa gente, según Lucas, fue la siguiente: "Jesús los acogió".

Los fieles vienen a la iglesia hambrientos del pan de vida y del cáliz de salvación. No hay nada que los alimente como la Eucaristía. Pero sucede algo antes de que comience la liturgia: usted los recibe. Vea sus necesidades físicas y espirituales.

¿Cómo hacer esto? Al conocerlos, emplee sus nombres y conozca algo de su vida, así estará más capacitado para escuchar lo que le quieran contar y ofrecerles oración y apoyo.

Algunas de las necesidades que discernirá serán espiritualmente profundas. La gente no busca solamente una buena liturgia, sino también una vida mejor. Algunas veces les basta con ser bien recibidos, sentir la calidez del contacto humano, ser escuchados y notar que son valorados. Eso puede provocar un cambio de conducta de 180 grados.

¿Ha sido usted alguna vez tan bien recibido que cambió su perspectiva completamente? ¿Alguna vez le ha impresionado tanto la fe y el amor de alguna persona que le despertó el deseo de ser mejor y ser digno de su amistad? ¿De qué manera se presentará usted a los fieles este fin de semana?

Ser prudente y confiable

Cuando haga la colecta, estará recibiendo una ofrenda que es valiosa para los que la dan y usted la transfiere a una organización que representa los valores más profundos de los que contribuyen. La colecta también simboliza la ofrenda de cada persona en el altar con Cristo. La colecta es cosa seria.

¿De qué manera maneja el dinero en su propia vida? ¿Es usted responsable en este sentido? ¿Es usted generoso con los necesitados?

El concepto de corresponsabilidad nos enseña que ninguno de nosotros es realmente dueño de nada. Los bienes que tenemos y el dinero en nuestras cuentas no son realmente nuestros. Son de Dios. Dios creo todo y Dios es dueño de todo. Dios ha encomendado ciertas cosas a nuestro cuidado. Somos corresponsables de las cosas de Dios. ¿Qué tal cumple su papel como corresponsable de la creación? Si usted considera que el dinero en su cuenta bancaria no es realmente suyo sino de Dios, ¿lo está manejando responsablemente? ¿Cómo lo gasta usted? ¿Está guardando más de lo que necesita mientras otras personas hacen malabares por llegar a fin de mes? ¿Está usted contribuyendo fielmente en su parroquia, su diócesis y demás organizaciones de beneficencia? ¿Qué tipos de negocios y actividades culturales apoya? ¿Cuántos objetos superfluos e innecesarios posee usted? Si tuvieras que rendir cuentas de su administración, ¿qué vería Dios?

¿Cómo maneja usted sus deudas personales? ¿Gasta más dinero del que usted tiene? ¿Es usted un administrador responsable?

Al hacer la colecta, usted está realizando la colecta de Dios. Si tiene usted el hábito de contribuir generosamente, comprenderá el sacrificio y la caridad que se esconden detrás de estas simples ofrendas.

Esfuércese por vivir como una persona digna de confianza. Cuando se coloca con un canasto en las manos delante de las personas, está pidiéndoles que le confíen sus ofrendas. Durante toda la semana, no nada más los domingos, practique la virtud de la honradez. ¿Dice usted la verdad? ¿Puede la gente confiarle sus secretos? ¿Evita usted los chismes y las calumnias? ¿Puede la gente confiar en usted como para que les cuide a los hijos, los hogares, las carteras? De ser así, usted tiene una de las cualidades necesarias para ser un buen acomodador.

Medite en Lucas 19:6. Zaqueo era de baja estatura y no podía ver a Jesús por encima de las cabezas de la multitud. Entonces, se subió a un árbol para verlo mejor. Nadie fue hospitalario con Zaqueo. Cualquiera pudo haberle abierto el paso, haber dejado que se parara en frente o haberlo alzado. Pero nadie lo hizo. Cuando Jesús ve a Zaqueo, su conversación revela algunos aspectos de la hospitalidad. Jesús se invita a la casa de Zaqueo. Y Zaqueo le da un recibimiento de todo corazón. Pero Zaqueo hace algo más. Tiene reputación de pecador y quiere cambiar. Le dice a Jesús que donará a los pobres la mitad de sus bienes y que restituirá al cuatro por uno a quienes ha defraudado. ¡Todo esto porque Jesús se invitó a la casa de Zaqueo!

Un acto de generosidad puede cambiar la personalidad de usted. Una vez que comienza a dar, piensa menos en usted mismo y más en los demás. Corrija las decisiones económicas irresponsables que haya usted tomado en el pasado y deje de buscar una justificación para quedarse con lo que les pertenece a los demás. Antes de recoger la ofenda del dinero de otros donantes en la iglesia, ¿has examinado sus hábitos económicos?

Conocer bien su parroquia

Usted debe saber lo que sucede en su parroquia para poder compartir esta información con otros. Cuando esté en el atrio o en el vestíbulo de la iglesia, algunas personas le pedirán información. Cuando reparta los boletines al final de la misa, la gente naturalmente supone que usted sabe lo que contienen.

¿Participa usted de las actividades de la parroquia? La misa del domingo ¿es una prioridad cada semana? Si se ofrece educación para adultos, ¿participa usted? ¿Asiste a las confesiones comunitarias en Adviento y Cuaresma? ¿Ha colaborado con la formación religiosa de los niños? ¿De qué manera sirve como voluntario al Cuerpo de Cristo en asilos de ancianos, prisiones u hospitales? Si asume usted un papel activo en la vida de la parroquia, estará mejor informado sobre su iglesia, podrá proponer actividades para otros fieles y será un mejor modelo para las demás personas que acuden a la parroquia.

En Lucas 18:9, Jesús cuenta una parábola sobre dos hombres que van al templo a rezar. Uno mira al cielo y proclama que no es como los pecadores. Ayuna, reza y paga el diezmo, pero... también se vanagloria. El otro se mantiene lejos, se golpea el pecho, baja la vista y le pide a Dios que le tenga misericordia porque es un pecador.

¿Cuál es usted? ¿Se parece al que se vanagloria de sus logros espirituales? ¿Es usted un voluntario altivo? ¿O se parece al que llega a la iglesia con humildad, consciente de sus pecados y de que necesita la misericordia de Dios para llevar una vida fiel?

Sentirse parte del equipo

Su servicio de acomodador o saludador en la parroquia, lo hace parte de un equipo que ofrece su trabajo a Dios. Recíbanse entre sí como reciben a los demás.

La hospitalidad es responsabilidad de todos. Todos los que llegan a la iglesia merecen ser bien recibidos y usted no debe realizar este trabajo solo. Usted es parte de un equipo que le da ejemplo al resto de la comunidad.

Sea amistoso con los demás acomodadores y saludadores. No hay ninguna parte de la iglesia que sea "su territorio" exclusivo. Todos trabajan juntos. El amor sincero que sienten los unos por los otros centrará su ministerio.

Usted necesitará la ayuda de los demás. No puede cumplir con este ministerio solo. Los fieles querrán verlo, pero tal vez les dará igual ver a otro acomodador o saludador. ¡Es una labor de equipo! Los fieles deben poder descubrir el rostro de Cristo entre los acomodadores.

Evite, sin embargo, concentrarse en los demás acomodadores y saludadores hasta el punto de desatender su obligación con los que entran al templo. Algunos saludadores pasan tanto tiempo saludándose entre sí, o saludando al lector o al sacerdote, que no llegan a saludar a muchas personas que entran o salen de la iglesia. Su camaradería con los otros ministros es una buena base, pero debe impulsar su misión de hospitalidad con los demás.

¿Cómo se esfuerza usted por ser hospitalario en casa? ¿Es responsabilidad de todos los que viven allí? ¿O le toca a otro asegurarse de que los que visitan se sientan a gusto en su casa? ¿Cómo anima a otros miembros de su hogar para que ellos sean parte de la bienvenida a sus visitantes?

En las reuniones familiares, ¿es usted un buen anfitrión y un buen invitado? ¿Hay tal vez personas a quienes trata de evitar? ¿Forma usted comunidad con todos? ¿Es necesario que alguno perdone a otro? ¿Puede hacer usted algo al respecto? ¿Puede usted ayudar a algún familiar distante o huraño a acercarse?

Rezar

En Lucas 10:38 encontramos el relato de hospitalidad quizás más famoso de todo el Evangelio: la visita de Jesús a la casa de Marta y María. Es un relato desconcertante y vale la pena meditar en él.

En cierto pueblo, Jesús visitó la casa de Marta y ella lo recibió gustosa. María, su hermana, se sentó a los pies de Jesús a escucharlo. Pero Marta estaba atareada con los quehaceres de la hospitalidad. Marta se molestó un poco porque María estuviera sentada cuando había tanto que hacer. Marta no esperaba que Jesús la ayudara; después de todo, él era el huésped. Pero María era su hermana y debería estar ayudándola.

Sea reverente y esté atento a la presencia de Dios, en la misa y en todo momento.

Todo esto es muy razonable, incluso hoy. Recibir a alguien en casa implica trabajo. La casa debe estar limpia, hay que hacer compras y preparar la comida y la bebida, y habrá que lavar más platos y cacerolas, y cuando la visita se haya ido habrá más que limpiar. Es mucho trabajo para uno solo, y es necesario tener un poco de ayuda.

Lo que Marta pedía no parece estar fuera de lugar. Ella está ocupada y María podría haber facilitado las cosas de haberse levantado para darle una mano.

Pero Jesús reprende a *Marta*. Él ve otra cosa. Ve que Marta está preocupada y se pierde en mil cosas. María está enfocada. María ve lo que es importante en esta visita. Jesús está allí. La Palabra de Dios está viva, es activa y está sentada en la sala de la casa. Marta estaba ocupada por estar ocupada. Estaba perdiéndose las palabras de Jesús. Sin duda Jesús tenía cosas importantes que decirle, cosas que la hubieran ayudado a disminuir su ansiedad y calmar su preocupación. Pero Marta no estaba lista para recibir esa palabra. Se ocupaba en lo que ella podía hacer por Jesús y no en lo que Jesús hace por ella.

El acomodador o saludador tiene trabajo que hacer, y no es fácil: que las personas se sientan a gusto en la iglesia. Esto requiere mucho tiempo y atención, y es importante para toda la Iglesia.

Pero hay algo que es más importante: el tiempo que usted le dedica a Jesús. Su ministerio en la Iglesia es admirable. ¡Siga así! Pero su oración también es necesaria. ¡Nunca lo olvide!

A lo largo de la semana, dedique tiempo a escuchar la palabra de Jesús, como María hizo en la casa de Marta. Deje a un lado las demás tareas de su vida y pase tiempo con Jesús que es nuestro Señor y nuestro amigo.

Lea las Sagradas Escrituras para ese domingo antes de ir a la iglesia. Usted está en una posición vulnerable. Las personas que llegan tarde quizás exijan su atención cuando el lector esté proclamando la palabra de Dios. Si ha dedicado tiempo a las lecturas antes de ir a la iglesia, podrá escucharlas mejor cuando las proclamen.

Ya en la iglesia, rece la misa. Cuando comienza la misa, y especialmente durante la Liturgia de la Palabra, Dios le habla a la Iglesia. Jesús habla en el Evangelio. Nada es más importante que eso. Sin embargo, durante la misa tal vez muchos acomodadores y saludadores imiten a Marta, distraída y preocupada con otras cosas. Usted recuerde: Jesús alabó a María, que lo dejó todo cuando él llegó. Sólo tiene una oportunidad por semana para escuchar la proclamación de la Palabra de Dios en la asamblea de la Iglesia. ¡Atiéndala! Todo lo demás puede esperar. Si quieres recibir bien a las personas, antes deberá saber recibir la Palabra de Dios.

Inspírese con los cantos. Responda a los saludos del celebrante y a las lecturas. Escuche atentamente. Guarde los silencios. Sí, usted debe ejercer un ministerio, pero ante todo debe participar bien en la liturgia. Jesús le llenará el alma de sabiduría, paz y amor.

Oraciones por los acomodadores y saludadores

Aquí y al final del libro proveemos algunas oraciones que pueden ayudarle a mejorar en su ministerio.

Salmo 131:2

> Calmo y silencio mi anhelo
> como un niño junto a su madre,
> como un niño junto al Señor.

Bendición de los acomodadores

En el *Book of Blessings* [Libro de bendiciones] se provee una bendición para los ministros litúrgicos, ujieres incluidos, y por tanto ministros de hospitalidad. La comunidad la reza para infundir fortaleza e inspiración en usted:

> Por la Iglesia de Cristo y por esta parroquia de N.,
>> para que todos los cristianos
>> puedan ofrecerse como sacrificios vivos,
>> roguemos al Señor.
> Por todos los ministros litúrgicos de nuestra parroquia, para que
>> puedan profundizar su compromiso de servir a Dios y al
>> prójimo, roguemos al Señor.
> Por estos acomodadores, para que su presencia permita que todos los
>> que entran en esta casa de Dios siempre se sientan bienvenidos
>> y acogidos, roguemos al Señor.

Oh Dios de la gloria,
tu Hijo amado nos ha mostrado que la honra verdadera
      y el culto a Dios
surge de corazones humildes y contritos.

Bendice a nuestros hermanos y hermanas,
que han respondido a una necesidad de nuestra parroquia
y desean comprometerse a servir como acomodadores.
Concédeles que su ministerio sea fructífero
y nuestra adoración sea de agrado a Dios, nuestro Padre.
Te lo pedimos por Cristo nuestro Señor. Amén.[3]

También la Iglesia sugiere una lectura específica de las Sagradas Escrituras para bendecir a un nuevo acomodador. Es un texto muy popular que se escucha a menudo en las bodas. Quizás a usted le sorprenda que también se recomiende para los acomodadores. Nos recuerda que el mandamiento de amar no se limita a la gente que nos cae bien, sino que abarca a todos.

1 Corintios 13:1–13

Aunque yo hablara todas las lenguas de los hombres y de los ángeles, si no tengo amor, soy como una campana que resuena o un platillo estruendoso. Aunque tuviera el don de profecía y conociera todos los misterios y toda la ciencia, aunque tuviera una fe como para mover montañas, si no tengo amor, no soy nada. Aunque repartiera todos mis bienes y entregara mi cuerpo a las llamas, si no tengo amor, de nada me sirve.

El amor es paciente, es servicial, no es envidioso ni busca aparentar, no es orgulloso ni actúa con bajeza, no busca su interés, no se irrita sino que deja atrás las ofensas y las perdona, nunca se alegra de la injusticia, y siempre se alegra de la verdad. Todo lo aguanta, todo lo cree, todo lo espera, todo lo soporta.

El amor nunca terminará. Las profecías serán eliminadas, el don de lenguas terminará, el conocimiento será eliminado. Porque nuestra ciencia es imperfecta y nuestras profecías limitadas. Cuando llegue lo perfecto, lo imperfecto será eliminado. Cuando era niño, hablaba como niño, pensaba como niño, razonaba como niño; al hacerme adulto, abandoné las cosas de niño. Ahora vemos como en un mal espejo, confusamente, después veremos cara a cara. Ahora conozco a medias, después conoceré tan bien como Dios me conoce a mí. Ahora nos quedan tres cosas: la fe, la esperanza, el amor. Pero la más grande de todas es el amor.[4]

---

3. Del *Book of Blessings*, 1853–1854. Traducción provisional.
4. 1 Corintios 13:1–13.

Preguntas para conversar y reflexionar

1. ¿Cómo debería ser más hospitalario en mi vida diaria? ¿Debería ser más comprensivo, más cariñoso con los miembros de mi propia familia, colegas o vecinos?

2. ¿Cómo puedo ser más corresponsable en mi vida diaria? ¿Soy lo suficientemente generoso con los necesitados? ¿Debo cambiar mis hábitos de ahorro y de gastos?

3. En la iglesia, ¿de qué manera puedo mostrar con más claridad el rostro de Cristo para los que vienen? Jesús es quien recibe a la Iglesia en su mesa. ¿De qué manera lo ayudo?

4. ¿A quién amo con el amor que describe san Pablo? ¿Soy tacaño con ese amor? ¿Debería demostrárselo más gentilmente a los demás? ¿Quién necesita mi amor, mi atención y mi cuidado?

Capítulo cinco

Preguntas frecuentes

1. ¿Cuál es la diferencia entre un acomodador, un saludador y un ministro de hospitalidad?

Puede que no haya diferencia alguna. En algunas parroquias se usa sólo uno de los términos, ya sea acomodador o saludador (también ujier en algunas regiones; designaba a quien cuidaba la puerta o acceso a la corte judicial o real). Sus funciones están descritas en este libro. Habrá parroquias que usen ambos términos para describir dos papeles complementarios: los saludadores reciben y saludan a los miembros de la asamblea a medida que estos se reúnen y los acomodadores se encargan de los asientos, ayudan en las procesiones, realizan la colecta y prestan ayuda ante una emergencia.

2. ¿Cuáles son las cualidades necesarias para este ministerio?

Acomodadores y saludadores deben ser personas que asisten a misa regularmente. Deben ser maduros, estar confirmados y el párroco debe considerarlos dignos de confianza. Deben mostrar un amor sincero por la gente, sentirse cómodos en grupos grandes, contar con excelentes aptitudes sociales, ser responsables y dignos de confianza. Las personas jóvenes pueden ser buenos acomodadores y pueden recibir consejo y capacitación en aquellos aspectos del ministerio que exijan un criterio más adulto. Los niños disfrutan realizar este servicio junto con sus padres.

3. ¿Cómo sabré cuándo comenzar la colecta de ofrendas?

La colecta de las ofrendas se realiza después de la Oración de los fieles. Generalmente cuando el sacerdote termina la oración conclusiva después de las intenciones, los acomodadores se acercan con sus canastos para comenzar la colecta. El coordinador de los ministros dirá en qué momento preciso usted haya de dirigirse a buscar los canastos y prepararse para la colecta. Éste es uno de los momentos en que quizá usted deba circular por la iglesia mientras se está realizando otra acción litúrgica. Asegúrese de hacerlo de manera discreta.

4. Si hay una segunda colecta, ¿cómo sabré cuándo empezar?

Las parroquias organizan una segunda colecta de distintas maneras. Su coordinador le dirá qué hacer.

5. ¿Qué debo hacer si se me acaban los boletines?

Pregunte a su coordinador con antelación dónde se guardan los boletines adicionales, quizás se almacenen en la sacristía o en la oficina de la iglesia. Usted puede preguntar a los acomodadores o saludadores en otros puestos si les sobra algún boletín. Si no encuentra a nadie, discúlpese amablemente y ofrezca a esa persona el número de teléfono de la oficina de la iglesia para que pueda llamar si necesita información específica. Asegúrese de avisar a su coordinador que se le acabaron los boletines para que en el futuro se impriman más.

6. ¿Qué debo hacer si me avisan que no hay papel higiénico o toallas de papel en los baños?

Hay que saber dónde se guardan estos suministros para poder reponerlos. Si usted no lo sabe, generalmente alguna persona en la sacristía lo sabrá.

7. Algunas personas prefieren un determinado lugar y se rehúsan a dejar que otra persona se siente en su mismo banco. ¿Cómo puedo convencer a alguien de que se mueva o llene los bancos del frente de la iglesia?

Es cierto que algunos pueden ser bastante tercos y estar acostumbrados a un sitio particular de la iglesia. De haber espacio disponible en medio del banco y alguien busca un asiento, será tarea de usted ayudarlo. La mayoría de las veces un simple pedido bastará: "¿Podría este caballero (dama, señorita, familia) unirse a ustedes esta mañana?". Si alguien parece no estar dispuesto a moverse para dejar que los demás pasen, un segundo intento podría ser: "¿Dejaría, por favor, que estas personas pasaran a sus asientos? Quizás podría salir del banco por un momento para que ellos puedan entrar. Después podrá volver a su lugar".

Animar a la gente para que llene los bancos delanteros no es tarea fácil. Algunas personas son tímidas y pueden sentirse incómodas al caminar por el pasillo, especialmente si han llegado tarde. Quizás este problema se solucione si usted los acompaña hasta los espacios disponibles. Pero quizás realmente prefieran permanecer en la parte de atrás. Anime a los fieles para que se sienten en la parte delantera antes de que ese lugar sea el último que tenga asientos disponibles. La primera fila es un buen lugar para las familias con niños: si los niños pueden ver el rostro del celebrante y de los lectores y observar las acciones litúrgicas, será más fácil que participen en la liturgia. Recuerde que acogemos a las personas en donde están y algunas personas siempre permanecerán en las últimas filas. Está bien que sea así.

8. Cuando recojo las ofrendas, ¿qué debo hacer si una persona todavía está escribiendo su cheque o está buscando dinero en su billetera o bolsillo cuando he llegado a su fila? ¿Debo esperar?

Puede esperar algunos segundos, pero si nota que se tomará algún tiempo para que la persona esté lista, usted puede decirle que le dé su ofrenda al final de la misa para colocarla en el cesto. Tal vez su coordinador tenga otra sugerencia.

9. Algunas veces, especialmente durante la Navidad y la Pascua, hay tantas personas que los asientos no alcanzan y la gente queda de pie en los pasillos y en la parte de atrás de la iglesia. Se ve que no están cómodos. También, me preocupa cómo haríamos para evacuar el edificio en caso de emergencia.

Estas situaciones son difíciles. Deberá preguntar a su coordinador si acaso hay sillas plegables en algún lado y dónde disponerlas, qué dicen los protocolos en caso de incendio respecto a las personas que permanecen de pie en los pasillos y si la parroquia puede acomodar en otro lugar a los que no caben en la iglesia. La parroquia debería tener normas establecidas para manejar este tipo de situaciones.

10. ¿Qué debo hacer si alguien tiene una emergencia médica?

La parroquia quizás ya ha determinado la manera más eficaz de manejar las emergencias médicas y su coordinador le dará instrucciones. Como mínimo, si no lleva usted un teléfono celular consigo, deberá saber dónde encontrar el teléfono más cercano y cómo llamar a los servicios de emergencia. También sería útil saber si entre los fieles que asisten regularmente a la misa en la que usted sirve, hay profesionales de la salud que pueden ayudar en una emergencia.

11. ¿Debo hacer algo al respecto si suena algún teléfono celular o bíper durante la misa?

Su coordinador le dirá cómo la parroquia desea que usted maneje esta cuestión. Algunas parroquias anuncian antes de que comience la misa pidiendo a las personas que pongan sus teléfonos celulares en "silencio". Otras ponen una nota en las guías de oración para la liturgia o un letrero a la entrada del área para la misa.

12. ¿Qué debo hacer si algún mendicante entra al templo para pedir dinero a los miembros de la asamblea?

Por supuesto que todos son bienvenidos a asistir a misa y nunca rechazaríamos a alguien por su apariencia. Si una persona necesitada llega a nuestras puertas, debemos dirigirla a un lugar en que puedan ayudarla. Sin embargo, no es apropiado mendigar en la iglesia. Firme y gentilmente pídale a la persona que vaya a un lugar en que puedan hablar, averigüe qué necesita y explíquele dónde puede encontrar ayuda. Su coordinador podrá darle a usted instrucciones más específicas a seguir.

13. ¿Qué hago si el incienso hace sonar la alarma contra incendios en la iglesia durante la liturgia?

Plantéele esta posibilidad a su coordinador para saber qué aconseja hacer su parroquia en este caso. Se debe designar a una persona para que apague la alarma contra incendios y tranquilice a los asistentes de que no hay tal emergencia. Pero será importante asegurarse de que el incienso sea realmente el motivo y no hay otra amenaza real de incendio.

14. ¿Qué debo hacer si un animal entra a la iglesia (un perro, un gato, un pájaro o un murciélago)?

Si esto ocurre antes o después de la misa, pueden intentar arrear al animal a la salida con la ayuda de otras personas, pero deben tener cuidado de no asustarlo ni hacerlo enojar. Si el animal ingresa durante la misa, obviamente usted no querrá que cause problemas ni interrupciones. Si no puede sacarlo discreta y fácilmente, espere hasta que termine la misa. Tratándose de aves, es todo un reto. Quizás lo único que usted pueda hacer, una vez que los asistentes se hayan retirado del edificio, sea abrir las puertas y ventanas para permitirle vía de salida al animal.

Recursos

Documentos y recursos litúrgicos

Constitución sobre la sagrada liturgia (Sacrosanctum concilium, SC).

Primera de las cuatro constituciones surgidas del Concilio Vaticano II (1963). Promueve la celebración de los ritos litúrgicos en lengua vernácula, pide la participación plena, consciente y activa de la asamblea, y solicitó la revisión de todos los ritos litúrgicos. Disponible en *Los Documentos Litúrgicos: Un recurso pastoral*, Liturgy Training Publications, 1997.

Huck, Gabe. *Liturgia con estilo y gracia, tercera edición, revisada*. Chicago: Liturgy Training Publications, 2019.

Este libro ofrece una amplia gama de información litúrgica en una serie de artículos de dos páginas cada uno sobre los elementos de nuestro culto: palabras y música, Escritura y tradición, símbolos y estaciones, personas y lugares, incluidos los ministros litúrgicos.

Institución general del Misal Romano (IGMR) publicada en el *Misal Romano*, tercera edición (2018).

Detalla cómo se debe celebrar la liturgia eucarística. Todo ministro litúrgico, especialmente los ministros extraordinarios de la Sagrada Comunión, se beneficiará enormemente conociendo y reflexionando sobre la estructura de la misa y las diversas funciones de los participantes.

Laughlin, Corinna. *La liturgia: la fuente y cumbre de nuestra vida cristiana*. Chicago: Liturgy Training Publications, 2019.

Este librito es el mejor lugar para comenzar a aprender sobre la liturgia: lo más importante que hacen los católicos. La liturgia es un encuentro con Cristo, un maravilloso intercambio entre Dios y la humanidad, y una escuela de fe que nos impulsa al mundo con una misión.

Pastoral Liturgy®. Revista bimensual de Liturgy Training Publications con inserciones en español (e inglés).

Publicación ricamente ilustrada con artículos que profundizan el aprecio y comprensión de la liturgia parroquial para todos los que participan en ella.

Sourcebook for Sundays, Seasons, and Weekdays: The Almanac for Pastoral Liturgy. Chicago: Liturgy Training Publications.

Recurso anual para el día a día del año litúrgico con sus rituales propios, acciones, lecturas y preparaciones para cada celebración litúrgica. En inglés solamente.

Recursos de oración y de espiritualidad

Las familias católicas celebran el domingo. Chicago: Liturgy Training Publications, anual.

Es un libro diseñado para un uso familiar, ayuda a preparar la celebración dominical en el camino a la iglesia y a practicar lo celebrado al regreso. Contiene un resumen del evangelio, una meditación breve sobre él y unas preguntas que incentivan a la familia católica a dialogar sobre la fe.

Oraciones católicas del pueblo de Dios. Chicago: Liturgy Training Publications, 2000.

Un hermoso libro de edición de bolsillo que contiene las oraciones básicas de un católico, para aprenderlas y repasarlas. Muy útil para catecúmenos, neófitos, pero también para adultos y ministros litúrgicos. Entre las oraciones que encontrará en su interior figuran el Padrenuestro, la Señal de la Cruz, el Avemaría y el Credo apostólico.

Palabra de Dios: Lecturas dominicales y reflexiones espirituales. Chicago: Liturgy Training Publications.

Publicación anual que contiene el texto de las lecturas de cada domingo del año litúrgico, junto con reflexiones que ayudan a penetrar en su sentido, así como preguntas para facilitar el diálogo y la actualización de la Palabra de Dios en la comunidad cristiana. Apto para uso individual y de grupos ministeriales y de oración.

Glosario

Acetre (*Aspersorium*)**:** Cubetilla o vasija metálica con asa conteniendo agua bendita para rociar con un hisopo. También llamado sítula.

Adviento (*Advent*)**:** Tiempo litúrgico de alegre preparación y anticipación por la Navidad. Es también un tiempo de penitencia, aunque este aspecto es secundario al espíritu de espera. Marca el comienzo de un nuevo año litúrgico, al domingo siguiente de la solemnidad de Cristo Rey del Universo, y se prolonga por cuatro semanas.

Ambón (*Ambo*)**:** Especie de atril fijo o púlpito desde donde se proclaman las lecturas bíblicas, la homilía, y el Exsultet, pero también las intenciones de la Oración de los fieles. Es el lugar de la palabra en la iglesia.

Armario del crisma (*Ambry*)**:** Mueble donde se guardan los contenedores de los óleos de catecúmenos, de enfermos y el crisma. Tiene su lugar cerca del altar y es recomendable que sea una especie de exhibidor, seguro, digno y estéticamente cuidado.

Asamblea (*Assembly*)**:** Reunión del pueblo presidida por un ministro para rendir culto a Dios.

Atrio o nártex (*Atrium or narthex*)**:** Espacio entre las puertas de entrada al edificio y la entrada al área para la liturgia. Algunas parroquias lo llaman "sitio de reunión".

Banco, -a (*Pew or bench*)**:** Asiento, usualmente de madera y con respaldo, donde caben varias personas; a veces, está provisto de reclinatorio o rodillero. Algunas sillas también están equipadas con rodilleros.

Baptisterio o Bautisterio (*Baptistry*)**:** Lugar de la iglesia donde se encuentra la pila o fuente bautismal.

Canasto o Cesto (*Basket*)**:** Recipiente hecho con mimbre o varillas entrelazadas, al que se le puede adosar un mango o asidero para su manejo. Se usa para recoger las ofrendas de dinero de los fieles.

Capa pluvial (*Cope*)**:** Prenda amplia y suelta, abierta por el frente y sin mangas que se ajusta a la altura del pecho; la viste el ministro ordenado para bautismos, procesiones, bendiciones eucarísticas o el rezo de las Horas.

Colecta (*Collection*)**:** Ofrenda de los fieles en dinero, que se presenta al ofertorio durante la misa.

Colores litúrgicos (*Liturgical colors*)**:** Tonos visuales propios de las vestimentas litúrgicas conforme a las celebraciones estipuladas en el calendario litúrgico; algunas fechas ofrecen opciones. En el Rito romano, los colores son blanco, verde, rojo, violeta, negro y rosa; la determinación de qué color es utilizado se encuentra en el *Misal Romano* y en la *Institución general del Misal Romano.*

Credencia (*Credence Table*): Mesita en el presbiterio sobre la cual se ponen las vinajeras, el jarro de agua y la toalla del lavabo y otros vasos para la celebración de la misa.

Crucero (*Transept*): Nave que cruza en ángulo recto la nave principal de una iglesia que tenga forma de cruz.

Cuaresma (*Lent*): Tiempo litúrgico que precede a la Pascua del Señor. Es tiempo de preparación purificatoria y dura unos cuarenta días y en la Iglesia occidental, comienza el Miércoles de Ceniza y continúa durante seis semanas; termina antes de la misa vespertina de la Cena del Señor el Jueves Santo. La última semana de Cuaresma se llama Semana Santa. Para los catecúmenos, la Cuaresma es etapa de Purificación e Iluminación, la preparación final para el bautismo en Pascua, mientras que los bautizados renuevan el significado y la gracia de su propio bautismo. El Aleluya no se canta ni se dice desde el comienzo de la Cuaresma hasta la Vigilia Pascual.

Despedida (*Dismissal*): Invitación formal del diácono o, en su ausencia, del sacerdote para que la asamblea salga del recinto de la celebración litúrgica. También se dice de la salida de los catecúmenos después de la homilía en la misa.

Domingo gaudete (*Gaudete Sunday*): Nombre dado al Tercer Domingo de Adviento, porque la antífona de entrada en latín inicia con esa palabra: *Gaudete*, "regocíjate". Las vestiduras litúrgicas son color de rosa, en lugar de violeta.

Domingo laetare (*Laetare Sunday*): Nombre dado al Cuarto Domingo de Cuaresma, conforme a la palabra inicial de la antífona de entrada en latín, "Alégrate, Jerusalén". Prescribe el color de rosa y se pueden usar flores para decorar el presbiterio.

Evangeliario (*Book of the Gospels*): Libro que contiene las lecturas litúrgicas del evangelio. Se lleva en procesión y se coloca sobre el altar hasta el momento de proclamarlo desde el ambón.

Genuflexión (*Genuflex*): Señal de reverencia que consiste en doblar una rodilla hasta el suelo, al pasar frente al sagrario; se llama doble si se hace con las dos rodillas ante el Santísimo Sacramento.

Hisopo (*Aspergillum*): Utensilio empleado para rociar agua bendita. Es como una vara con un manojo de cerdas o una bola hueca y agujereada que retiene el agua, de alguna manera. Lo sustituye bien un manojo de ramas.

Hospitalidad (*Hospitality*): Cualidad consistente en recibir amablemente y atender a peregrinos, extranjeros y necesitados, y, por extensión, a todo invitado o huésped, de quien ejerce como anfitrión.

Incensario o Turíbulo (*Censer or Thurible*): Vaso metálico con forma de copa para contener brasas; puede tener tapa y estar unido a una o a cuatro cadenas para su manejo. A las brasas se les pone incienso de la naveta para aromatizar el ambiente durante las procesiones.

Lámpara del Santísimo (*Sanctuary Lamp*): Lámpara de cera o aceite que indica y honra la Presencia sacramental en el sagrario o tabernáculo.

Lavabo (*Lavabo*): Jarra y cuenco usados para el lavatorio durante la misa.

Leccionario (*Lectionary*): Conjunto de libros que contiene todas las lecturas bíblicas que se usan durante la misa. Se distingue del Evangeliario que contiene sólo lecturas del evangelio.

Lucernario (*Lucernarium*): Ceremonia del encendido de velas o luces; la más importante es la de la Vigilia pascual, pero la cotidiana se realiza con el rezo de Vísperas.

Mesa de las ofrendas (*Gift Table*): Mueble, usualmente dispuesto a la entrada de la iglesia, sobre el que se colocan el pan y el vino para ser llevados en procesión hasta el altar durante la misa.

Ministro extraordinario de la Sagrada Comunión (*Extraordinary Minister of Holy Communion*): Persona no ordenada, facultada para ayudar en la distribución del Cuerpo y la Sangre de Cristo.

Misal Romano (*Roman Missal*): Libro litúrgico que contiene las normas a seguir, las oraciones que se deben rezar y los ritos de la misa del rito romano o latino. También conocido como Libro de los Sacramentos.

Mitra (*Miter*): Tocado alto, semitriangular y en forma apuntada de la que cuelgan dos listones de tela o ínfulas; lo portan obispos y abades para las ceremonias litúrgicas.

Nártex (*Narthex*): Espacio vestibular o atrio perpendicular a la entrada de una iglesia. Catecúmenos y penitentes podían seguir desde allí las liturgias, sin entrar al edificio.

Nave (*Nave*): Cuerpo arquitectónico central de una iglesia, flanqueado por columnas sosteniendo otros cuerpos laterales; va de la entrada hasta el crucero, transepto o cancel que separa del altar. Quizá relacionada con la barca o nave, símbolo de la Iglesia.

Ofrendas (*gifts*): El pan y el vino que acercan los fieles al altar para ser consagrados en el Cuerpo y la Sangre de Cristo durante la misa. También se les llama "dones".

Palia (*Pall*): Tapa cuadrada, forrada con tela y empleada para cubrir el cáliz contra los insectos, pero también el lienzo con que se cubre el cáliz. También designa el "paño mortuorio" o lienzo con que se reviste al ataúd durante la liturgia fúnebre, simbolizando el bautismo y la pascua.

Palio (*Pallium*): El "episcopal" designa el collar de lino blanco con cruces negras que descansa en los hombres y cae sobre el pecho, y que da el papa a los arzobispos metropolitanos. Especie de baldaquino o dosel sostenido por cuatro altas varas, que se emplea para llevar en procesión al Santísimo.

Pascua (*Easter*): Para los cristianos es la conmemoración de la muerte y resurrección de Cristo, celebrada el primer domingo después de la primera luna llena del equinoccio de primavera. La fecha más temprana en que puede caer la Pascua es el 22 de marzo, y la última es el 25 de abril. Su celebración se prolonga durante cincuenta días, el Tiempo Pascual, y concluye con la Oración vespertina el domingo de Pentecostés.

Pila (*Font*): Contenedor de agua bendita, hecho de piedra o metal y sostenido por una base, localizado a la entrada de las iglesias para que los fieles se santigüen. También se usa como fuente bautismal.

Piscina (*Sacrarium*): Tina o lavadero con desagüe directo a tierra, no a la alcantarilla, para el agua usada en las purificaciones, sea de los lienzos del altar (corporales, purificadores) o la que disuelve las hostias consagradas que no pueden consumirse adecuadamente.

Presbiterio (*Sanctuary*): Área de la iglesia donde se encuentran el ambón, la sede y el altar. También el conjunto de sacerdotes o presbíteros.

Sacristía (*Sacristy*): Cuarto donde se guardan y preparan los objetos sagrados para su uso litúrgico.

Sagrario (*Tabernacle*): Receptáculo inamovible y cerrado con llave, generalmente rectangular o circular, en el cual se custodian las Hostias consagradas en la iglesia. Su material debe ser sólido, no transparente ni quebradizo. Cerca se coloca la Lámpara del Santísimo, de cera o aceite.

Sede presidencial (*Presidential Chair*): Silla desde la que se conduce una acción litúrgica.

Velo humeral o Paño de hombros (*Humeral Veil or Vimpa*): Lienzo alargado o chal que se coloca alrededor de los hombros, y en cuyos extremos se envuelven las manos para sostener algún objeto litúrgico o sagrado.

Vinajera (*Cruet*): Jarro pequeño de cerámica o vidrio que contiene agua o vino para el servicio litúrgico.

Viril (*Lunette*): Utensilio de cristal abrazado por un fleco de oro u otro metal precioso, que guarda la hostia colocada en la custodia o manifestador para la adoración de los fieles. También se le llama así al utensilio que guarda, para su exhibición, alguna reliquia en un relicario.

Oración de los ministros de hospitalidad

Dios de bondad,
tú nos convocas a la reunión,
para alabarte, bendecirte y darte gracias,
y para alimentarnos con tu Palabra y tu Sacramento.
Tú nos envías para amarnos los unos a los otros,
como enviaste a tu Hijo,
modelo nuestro de hospitalidad y servicio ministerial.
Concédeme valor para seguir sus pasos
y para servir a tu pueblo santo.
Llena mi corazón de tu Santo Espíritu
para mirar los talentos y a las necesidades
        de cada persona que ingrese a tu casa.
Que tu sabiduría
        me haga conocer mis fortalezas y debilidades
para responder con prudencia
        a cada situación que se presente.
Te lo pido por el mismo Jesucristo nuestro Señor.
Amén.